志麻さんの
レシピノート

何度でも
作りたい、食べたい
フランスの家庭料理

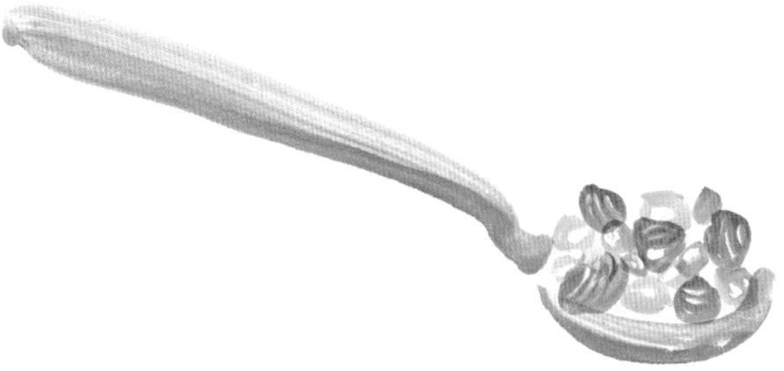

タサン志麻

幻冬舎

はじめに

私にとって初めての挑戦となる、イラストのレシピ本が出来上がりました。

もしかしたら、写真とともに手順などが詳しく書いてあるレシピ本の方が親切なのかもしれません。

けれども、仕事柄たくさんのレシピ本を持っている私ですが、何度も読み返すような大好きなレシピ本は、必ずしも写真が載っているとは限りません。

なぜイラストのレシピ本にしたのか。

それは、料理をするうえで一番大切な〝感覚〟を使って作ることができるからです。

料理をするときは自分の五感を使って作る方がずっと楽しいし、上達もします。

肉が焼ける音
鍋の中のスープがポコポコ沸いている様子
キャラメルが焦げてきた甘い匂い
パンをこねるときの手触り

これらはすべて料理のサインです。

レシピ本を見ながら作っていると、どうしても強火か弱火か、何分焼くのかなどに気を取られ、目の前の変化を見過ごしがちになります。そして写真通りにならないとがっかりして、その料理を作るのをやめてしまうという声も聞きます。

また、レシピと写真に首っ引きで料理をしていると、いつまでたってもそれなしでは作れないままです。

でも、料理は本来もっと自由なものです。

大事なことは、目の前に現れるサインを感じながら、自分の感覚を使って、考えながら料理をすることだと思うのです。

難しそうに聞こえるかもしれません。でもじつは、それが料理を楽しめるようになる近道だと実感してきました。

こんなふうに、自分の感覚を信じて、想像力を働かせて料理をしてほしい。そのために、イメージが広がるイラストにしようと考えて、この本を作り始めました。

この本のもう一つの特徴は、レシピのポイントやおいしく作るコツをイラストで紹介していることです。料理をするときに大事なのは、弱火と書いてあるからとただ弱火にするのではなく、レシピの裏側にあることを理解していくことだと思います。どうして弱火がいいのか？　鍋の中がどういう状態なら弱火なのか？……というふうに、そのときはすぐにわからなくても、考えながら料理をしていると、あるとき不思議と気がつくもの。すると、料理がとても楽しくなります。
本書に記したポイントが、そのための助けになるはずです。

レストランで料理人をしていた頃の私のノートを読み返してみると、ほとんどのページにイラストが描いてあります。レシピを文字で読むよりも鮮明に、その料理を作っていたときのことを思い返すことができます。そこには、タイミングや状態、どうしてそうするのかなど、何回も繰り返し作るたびに増えていくたくさんのメモ書きがありました。
油や汗や、涙がしみこんで茶色くなったこのノートは、今でも私の宝ものです。

皆さんにもぜひたくさん書き込みをしてもらって、自分なりのレシピノートを作っていってほしいと思っています。
そしてそれが、次の世代の誰かの大切な本になってくれるといいなと思います。

この本に載っているレシピはどれもフランスのベーシックな家庭料理です。そして、野菜料理、卵料理、魚料理、肉料理、デザートと、あえてシンプルな構成にしています。
じつは1冊すべてフランス料理だけ、というのも初めての挑戦です。

フランス料理は難しいというイメージがあるかもしれませんが、実際に家庭で作られている料理はシンプルなものばかりです。シンプルだから繰り返し作れるし、家族や友人と一緒に作ることだってできるし、飽きずに食べることもできます。それが家庭料理の良いところです。

そうして何度も作り続けていくうちに、たくさんの家庭でそれぞれの味に生まれ変わり、家族や大切な人に受け継がれていくような、そんな本になってほしいと心から願っています。

野菜と卵

魚

肉

デザート

子どもも大人も作れて
シンプルで何度でも食べたくなる
フランスの家庭料理

高校を卒業して、辻調理師専門学校に進学すると決めた私は、和食の料理人になるのが夢でした。今思えば、田舎で育った私にとって、料理といえば和食だったのかもしれません。

入学してからたくさんの国の料理を勉強しました。そこで初めて食べたフランス料理に衝撃を受けました。

フランス料理といえば高級で、ハードルが高いイメージを描いていた私ですが、初めて食べたフランス料理から受けた印象は、意外にもほっとするような温かいものでした。

それからというもの、フランス料理に的を絞り、今日までとりつかれたように勉強してきました。

フレンチの料理人だった私は今、家政婦という肩書になりましたが、以前にもまして、自分が好きなフランス料理にかかわれているという実感があります。

私が初めてフランス料理を食べたときに感じた温かさは、フランス人の食事に対する考え方の表れなのかもしれません。

若い頃、シェフが言っていた忘れられない言葉があります。

「フランス人は何を食べたのかは覚えていないけど、誰と食べたか、どんな話をしたかはちゃんと覚えてるんだ」

私たちの周りにはレシピ本やレシピサイトなどたくさんのレシピがあふれていますが、料理の悩みを抱えている人の数は多い気がします。

家政婦の仕事を通じて、家庭にはそれぞれの好みや食べ方があって、みんな同じではないことを痛感しました。たくさんのレシピの中から自分の好みを見つけるよりも、シンプルなレシピを自分の味に変えていく方が、きっと料理は楽しくなるし、納得のいく味になるはずです。

フランスの家庭料理はまさにそんなシンプルな料理ばかり。じっさい、フランスで友人たちと集うと、テーブルに出た料理で話がはずみます。「うちのポトフは、すね肉だよ」「私はトマトをまるごと入れるわ」と、それぞれのオリジナルのレシピをにぎやかに自慢し合い、情報を交換します。

こんなふうに、フランスの家庭料理はシンプルだからこそ、老若男女どんな人でも作ってみようと思えるし、自分の味を追求しやすいのだと思います。

もちろん日本では手に入らない食材もフランスにはたくさんありますが、日本の食材でもおいしく作れるよう、私なりにアレンジしています。

家政婦の仕事でも、家でも、何度も作り続けてきた、シンプルなフランスの家庭料理がこの本には詰まっています。

Carrottes rapées

キャロットラペ

作り方はとてもシンプル
だから自由にアレンジできる

SHIMA's note

キャロットラペは、みんなをにんじん好きにする。パセリやナッツなしでもおいしいし、ツナやハム、チーズなどを加えてもいいし、オレンジのようなフルーツも合う。水分をしぼらずに作ると、フレッシュでシャキシャキ感のあるキャロットラペになる。この場合は、塩は食べる直前にふって、残りの材料を混ぜる。

材料（作りやすい分量）

にんじん…中2本
塩…2〜3つまみ
こしょう…適量
レモン汁…1/2個分
オリーブ油…大さじ2
あればパセリ（みじん切り）…大さじ1
あれば好みのナッツ（粗みじん切り）…ひとつかみ

作り方

1. にんじんはスライサーか包丁でせん切りにして、ボウルに入れて**塩をしてよくもみ込む**。5分くらい置く。
2. 水分を**しっかりしぼる。味をみて、ちょうどよい塩かげんにととのえる**。残りの材料を加えて混ぜる。

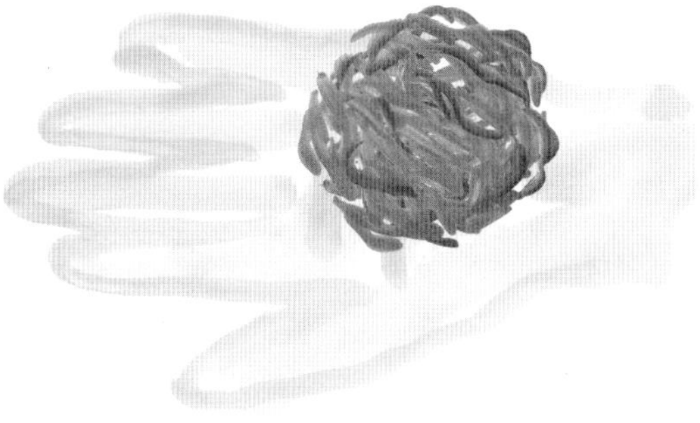

塩をしっかりもみ込んだら、ボール状にまとまるくらいに水分をしぼる。そのあと味見をして、もししょっぱければさっと洗ってしぼり、足りなければ塩を足して、おいしいと思える塩かげんにする。

Pickles

ピクルス

冷蔵庫にあるとうれしい

SHIMA's note

ピクルスは、夫のフランスの実家でもわが家でも欠かさない常備菜。ランチをささっとすませるときに、パン片手につまめば野菜がちゃんととれるし、お弁当にも重宝する。

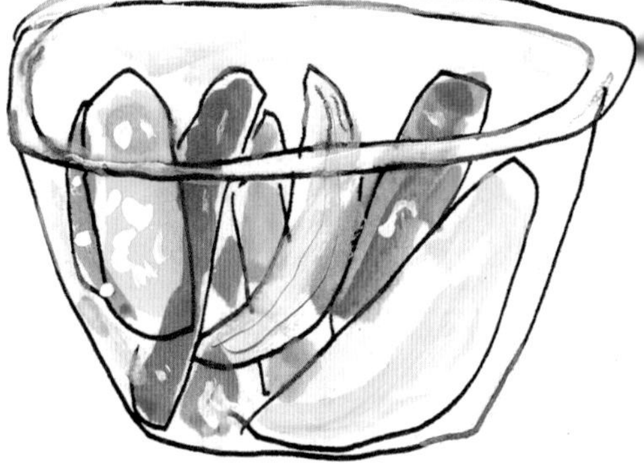

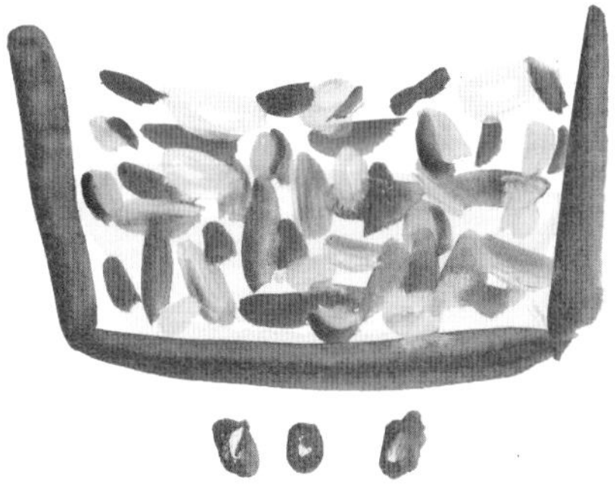

鍋に野菜を入れたらいったん沸騰させて、殺菌すると同時に野菜に味を入れる。このときは漬け汁に半分ほど浸かっていればよく、熱いうちに保存容器に入れると、野菜から水分が出て漬け汁が全体にまわってくれる。

材料（作りやすい分量）

かぶ…1個
にんじん…1本
玉ねぎ…1/2個
赤・黄パプリカ…各1/2個
きゅうり…1本

漬け汁

酢…50ml
白ワイン…50ml
水…100ml
塩…小さじ1
砂糖…大さじ2
ローリエ…1枚

作り方

1 小鍋に漬け汁の材料を入れて沸かし、**塩と砂糖が溶けたら火を止める。**

2 その間に野菜を切る。かぶは6等分のくし切り、にんじんは長さ4〜5cmにして2cm幅の棒状、玉ねぎは2cm幅のくし切り、パプリカは2cm幅の棒状、きゅうりはピーラーで縦3か所に筋を入れて2cm幅の輪切りにする。

3 **1**の鍋に**2**の野菜を入れて、**ひと煮立ちさせて**火を止める。熱いうちに保存容器に移し、粗熱が取れたら冷蔵庫に入れる。

Salade niçoise

サラダニーソワーズ

じゃがいも、アンチョビ、ゆで卵があれば
あとは好きな野菜を色とりどりに大皿で！

SHIMA's note

材料の表情が一つひとつ違う、楽しいサラダ。南フランスのニースの名物料理で、トマト、アンチョビ、じゃがいも、いんげん、ゆで卵が定番の材料だけれど、かぶやスナップエンドウやかぼちゃなどを合わせてもいい。

材料(3～4人分)

レタス(サラダ菜、グリーンカールなどなんでも)…1/2個
卵…1個
じゃがいも(メークイン)…1個
いんげん…10本
きゅうり…1本
ミニトマト…8個
アボカド…1個
ピーマン…1個
黄パプリカ…1/2個
オリーブ…12個
アンチョビ…4枚

ドレッシング

塩…2つまみ
こしょう…適量
りんご酢…大さじ1
マスタード…大さじ1/2
油…大さじ3

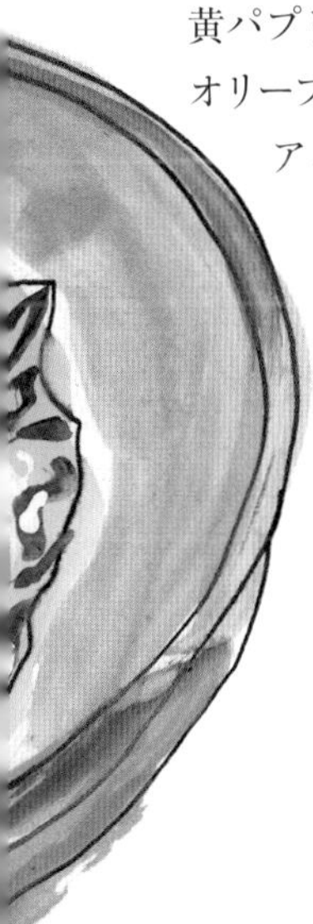

作り方

1 レタスはちぎって洗い、ざるにあげ冷蔵庫で**冷やしておく**。

2 卵は固ゆでにする。じゃがいもは皮をむき電子レンジに入れて600Wで2分、上下を返してさらに2分加熱して、柔らかくする。いんげんはへたを取って半分に切り、3分ゆでる。

3 じゃがいもは冷めたら輪切りに、きゅうりはピーラーで縦3か所に筋をつけて、輪切りにする。トマトは半割り、アボカドはくし切り、ピーマンは輪切り、パプリカは棒状、ゆで卵はくし切り、オリーブは4等分に輪切り、アンチョビは縦細切りにする。

4 ドレッシングを作る。塩こしょう、酢、マスタードをボウルに入れ、**しっかり塩を溶かす**。油を入れながらよく混ぜる。

5 皿にレタスを盛り、他の具をのせる。**食べるときにドレッシングをかける**。

Tomates Vinaigrettes

トマトサラダ

真っ赤なトマトを
きりっとさわやかな
玉ねぎとドレッシングで

材料（2人分）

トマト…2個
玉ねぎ…1/8個
パセリ…適量

ドレッシング

塩…2つまみ
こしょう…適量
りんご酢…大さじ2
オリーブ油…大さじ3
サラダ油…大さじ3

作り方

1　トマトは1cm幅で横にスライスして、皿に並べる。大きいトマトなら半割りにしてから切る。
2　ボウルに塩こしょう、酢を入れよく混ぜ**塩を溶かし**、油を少しずつ加える。
3　1に2のドレッシングをかけ、玉ねぎとパセリをみじん切りにして散らす。

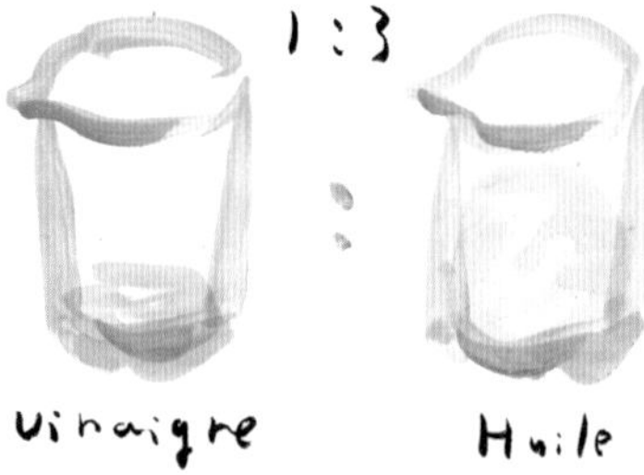

ドレッシングは酢1：油3の割合さえ覚えておけば、あとは塩とこしょうだけですぐに作れる。基本のドレッシングはどんなサラダにも合うので便利。

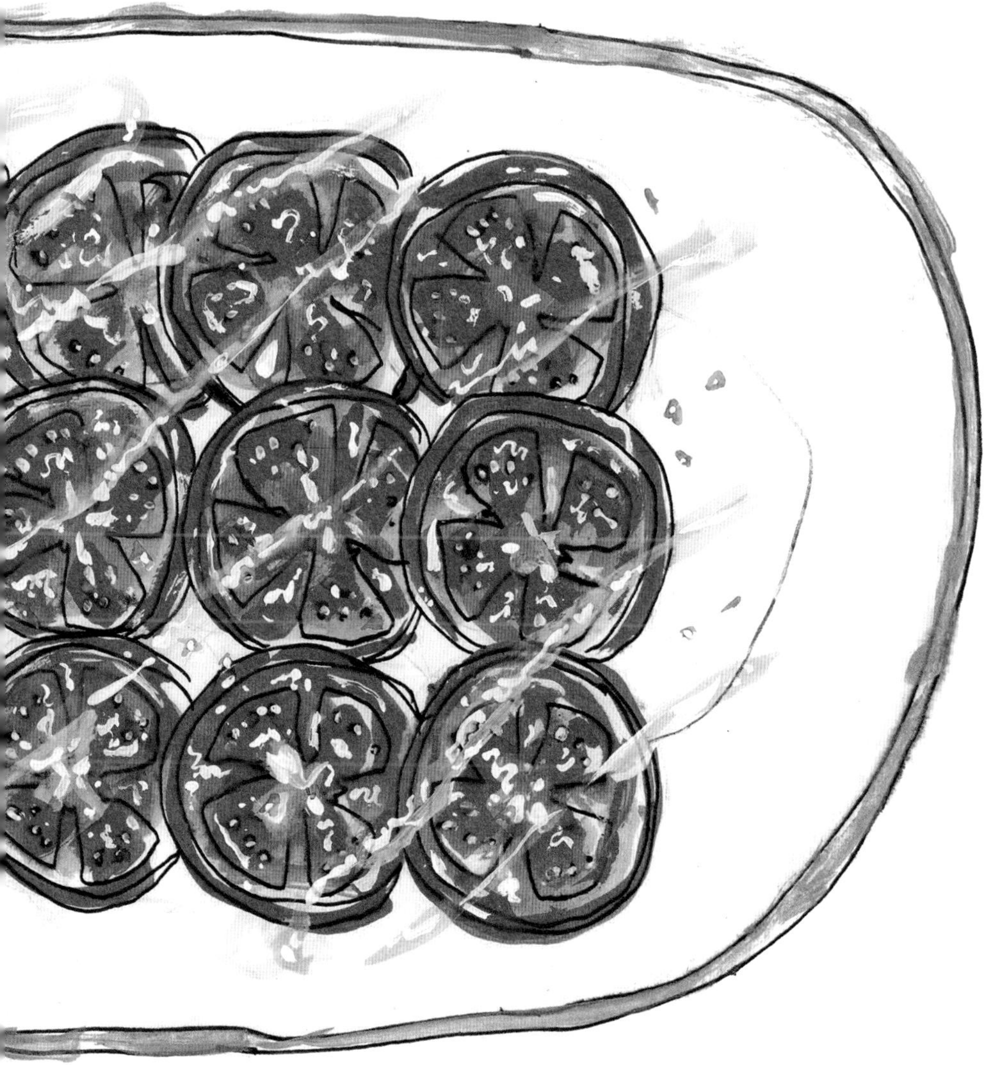

SHIMA's note

トマトとお皿をよく冷やすと格別。ドレッシングは食べる直前にかけるといい。
ドレッシングの酢と油は好みのものでかまわないし、このレシピのように玉ねぎを加えたり香辛料を足したり、酢の代わりに季節の柑橘類を使ったりして、オリジナルのドレッシングを試すのも楽しい。

Asperges mimosa

アスパラガスのウフミモザ風

春のおいしさを満喫

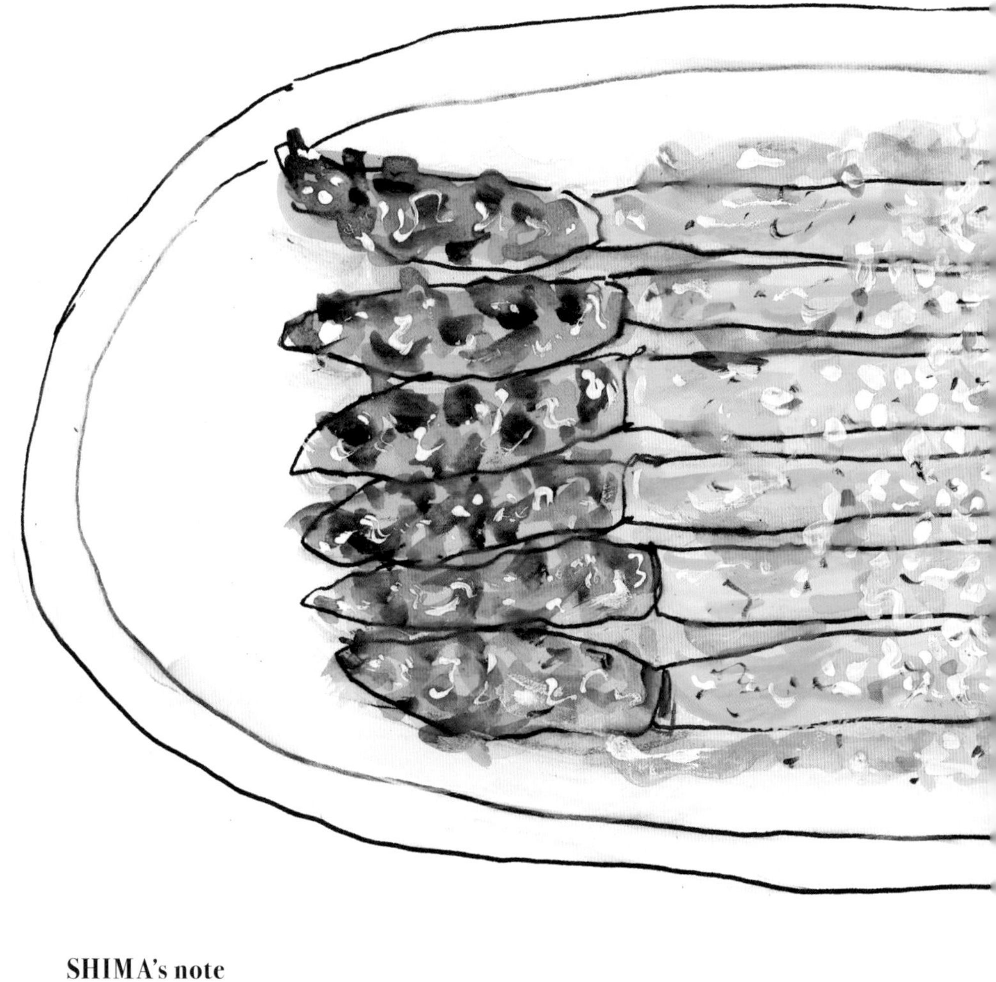

SHIMA's note

春になるとフランスのマルシェにはアスパラガスが山盛りになって、待ちかねていた人びとはどっさり買ってたっぷり食べる。フランスの人たちは、切らずに盛りつけて、バターとレモンでシンプルに味わっている。

材料（2人分）

アスパラガス…6本
ゆで卵…1個
バター…20g
レモン…1/4個
塩、こしょう…各適量

作り方

1　アスパラガスはがくを取り、**下5cmくらいの皮をピーラーでむく**。2分ゆでて、ざるにあげる。

2　バターは、湯せんにかけるか電子レンジにかけて、完全に溶かす。

3　**1**を皿に盛り、**2**をかけてレモンをしぼり、塩こしょうをして、ゆで卵を刻んで散らす。

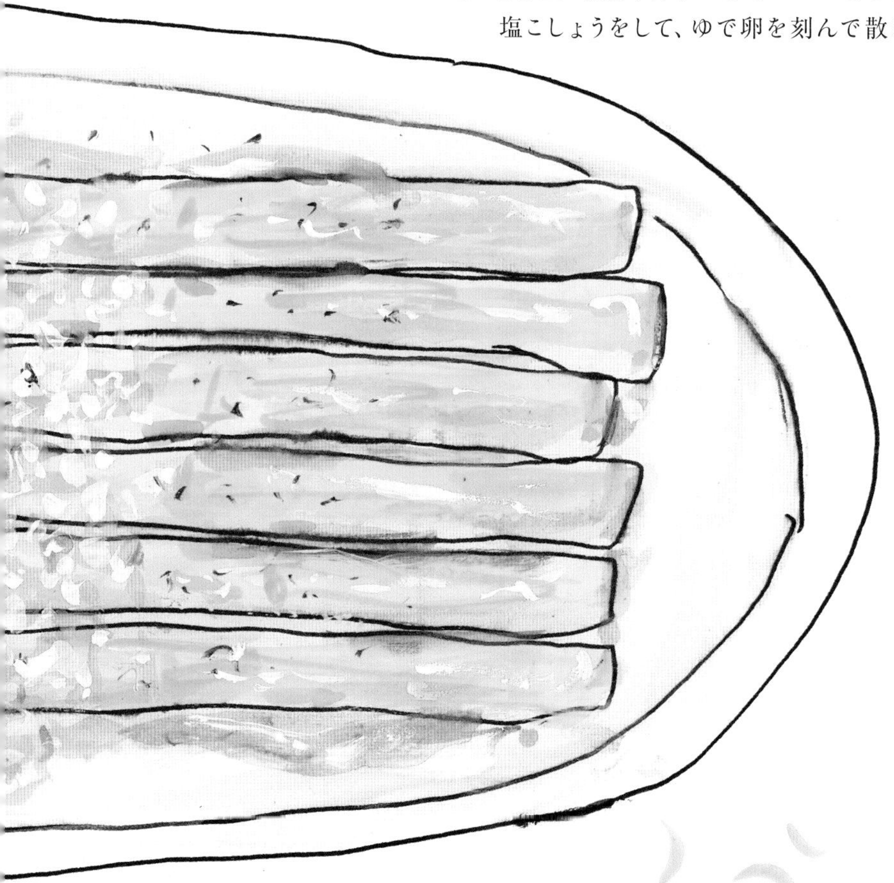

アスパラガスをまな板に置いてピーラーを当てると、皮がむきやすい。長いままゆでるので、フライパンを使うといい。

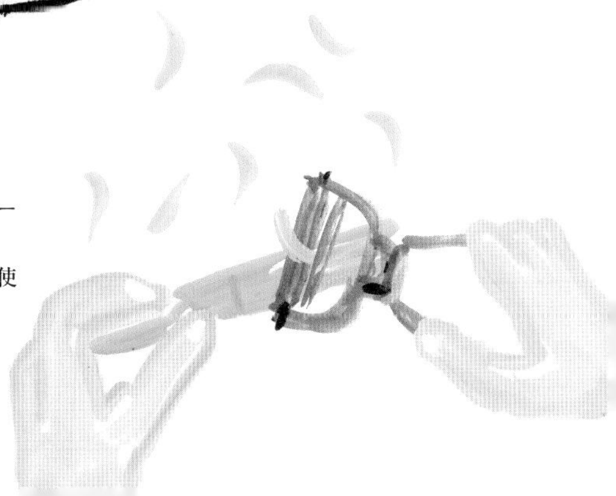

Oeufs cocotte

ウフココット

朝食にもランチにも、もう一品ほしいときにも

SHIMA's note

具は野菜だけでもいいし、肉や魚、ソーセージ、ハム、ベーコン、ツナなどうまみの強いものを加えるとアクセントになる。卵は半熟でもかたく焼いても、火の入れ方は好みで。

材料(2人分)

マッシュルーム…1パック
バター…20g
にんにく…1かけ
パセリ…ひとつかみ
卵…4個
ピザ用チーズ…ふたつかみ
塩、こしょう…各適量

作り方

1 フライパンにバターを溶かし、マッシュルームを半割りにして入れ、**しっかりめに塩をして**こしょうをふり、色づくまで炒める。にんにくとパセリをみじん切りにして加え、香りが出るまで炒めたら、ココット2つに分ける。

2 **1**に卵を2個ずつ割り入れ、チーズを加えて、200度に予熱したオーブンで8〜10分焼く。

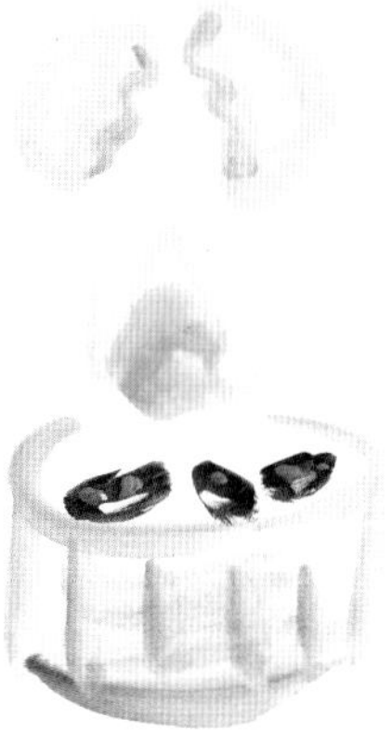

生クリームをひとまわし加えると、なめらかな口当たりになる。

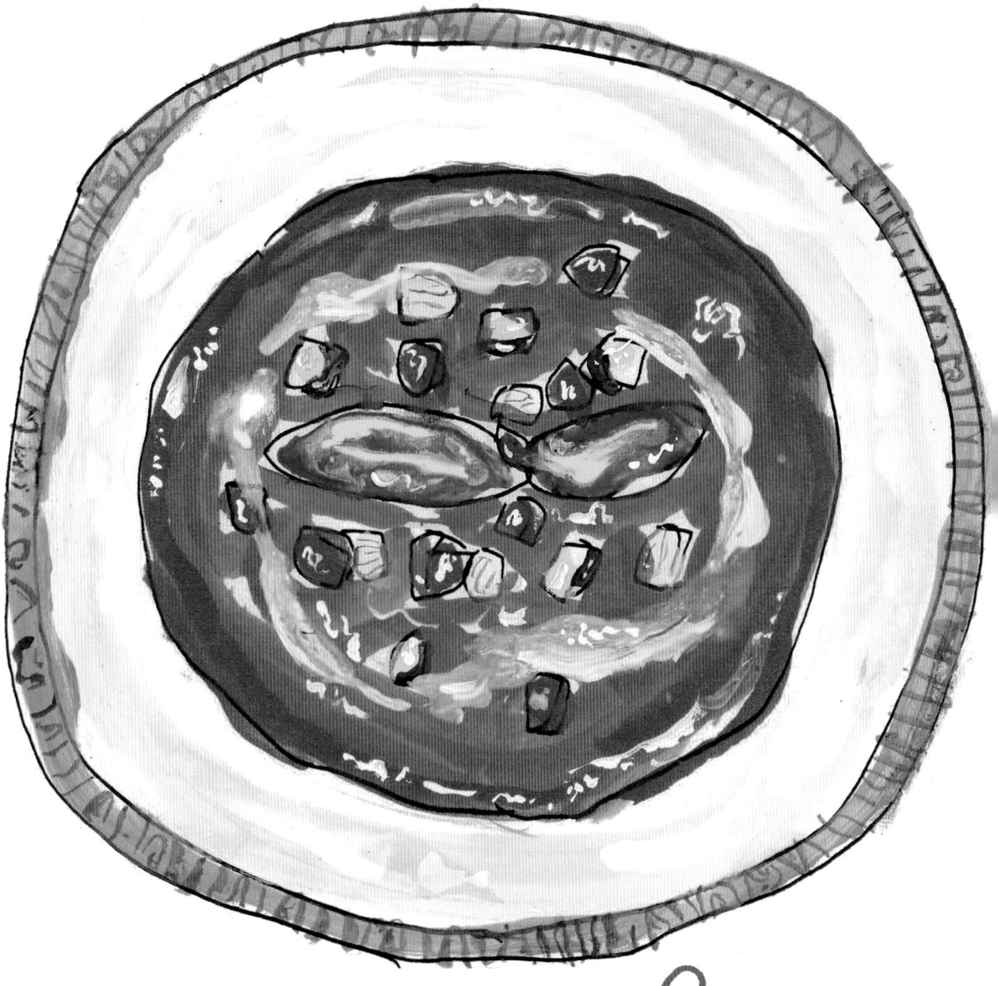

Gaspacho

ガスパチョ

材料をミキサーに入れてまわすだけ
ふんわりした舌触りで
よく冷やすとワンランク上のおいしさ

浮き実野菜とバジル以外は
ミキサーに。

材料（3～4人分）

トマト（大きくて赤いもの）…3個
玉ねぎ…1/6個
きゅうり…1本
赤パプリカ…1個
食パン（6枚切り）…1枚
オリーブ油…大さじ2
りんご酢（なければ米酢）…大さじ1～2
塩…小さじ1/3
こしょう…適量
あれば飾り用のバジル…適量

作り方

1 野菜は粗く刻んで浮き実用に少し残す。食パンは適当な大きさにちぎる。残りの材料といっしょにミキサーにかける。
2 味をみて塩こしょうでととのえ、**しっかり冷やす**。
3 器に盛り、**1**の浮き実を散らし、オリーブ油（分量外）をまわし入れ、バジルを飾る。

SHIMA's note

ガスパチョは夏のスープの代表。スペイン発祥で、フランスでも古くから好まれている。パンがけっこういい役割を果たしていて、しっかりした食べごたえになる。軽く仕上げたいなら入れなくてもいい。

mémo

玉ねぎは多すぎると苦みが強くなるので、レシピに準じて。
にんにく1/2かけをすりおろして入れてもいいし、ピーマンやセロリなども好みで入れていい。

Soupe au pistou

ピストゥスープ

体にやさしい素朴な野菜スープに
バジルのソースでアクセント

SHIMA's note

コンソメで煮ただけの野菜スープはフランスの食卓に欠かせない。人それぞれにいろんなアレンジを楽しんでいて、ピストゥソースもその一つ。バジルの代わりに大葉でもいい。

材料（4人分）

玉ねぎ…1個
にんじん…1本
セロリ…1/2本
キャベツ…1/4個
水…適量
コンソメキューブ…1個
オリーブ油…大さじ1
塩、こしょう…各適量

ピストゥソース

バジル…1パック
にんにく（すりおろし）
…1かけ分
粉チーズ…小さじ1
オリーブ油…大さじ2
塩、こしょう…各適量

作り方

1 鍋にオリーブ油をひく。野菜を、玉ねぎから順番にすべて1.5cm角に切りながらフライパンに入れて、一つまみの塩をして**じっくり炒める**。野菜がしんなりして汗をかいてきたら、水を野菜がしっかりかぶるくらい入れて強火にし、沸騰させてあくを取る。コンソメを入れて、弱火にして20分煮込む。途中で水分が減ってきたら、かぶるくらいまで水を足す。

2 ソースを作る。バジルは汁が出るまで細かく刻む。葉をまとめてにぎり、ざく切りにしてから刻むと、細かくしやすい。にんにく、粉チーズ、オリーブ油、塩こしょうを混ぜる。

3 **1**の味をみて塩こしょうでととのえる。器に盛り、**2**のソースをかける。

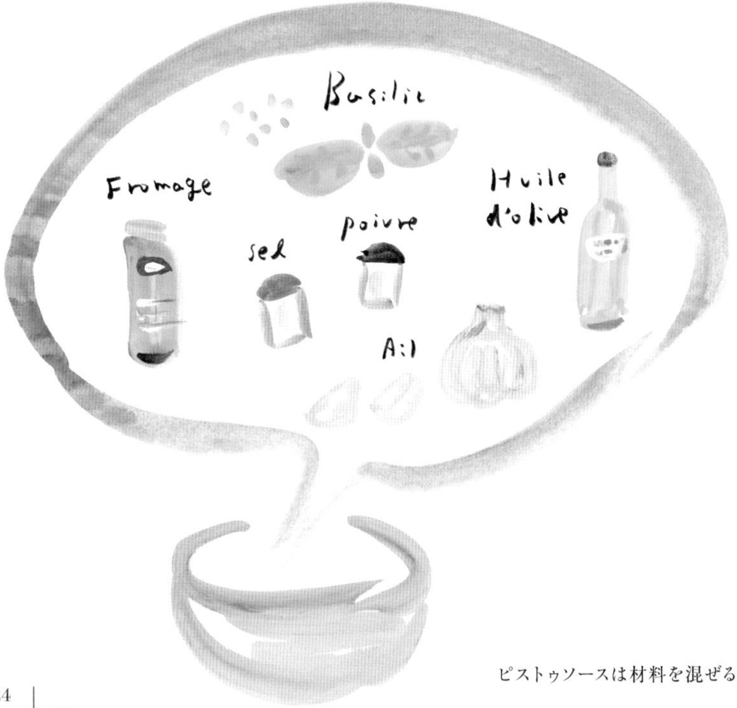

ピストゥソースは材料を混ぜるだけ。

Consommé

コンソメスープ

キューブを使えば、あっという間にフレンチのスープができあがる
レタスとトマトを入れて、さらっとすっきり

具はいろいろ試して、自分のコンソメスープを楽しんで。

材料（2～3人分）

トマト…1個
レタス…1/4個
コンソメキューブ…1個
油…大さじ1
塩、こしょう…各適量
水…400ml

作り方

1　トマトを大きめの角切りにする。鍋に油をひき、**トマトを強火でさっと炒めて酸味を飛ばす**。

2　1に水を入れて強火にして沸騰させ、あくを取ってコンソメを加え、レタスをちぎって入れる。味をみて塩こしょうでととのえる。

SHIMA's note

コンソメキューブは味のバランスが取れているので、味つけは塩とこしょうだけでOK。細切りのにんじんや玉ねぎ、キャベツ、大根、かぶなどもおいしい具になるし、シーフードや鶏肉、ベーコンなどを入れるとうまみが増す。

Crème de potiron

かぼちゃのポタージュ

ミルキーで自然な甘みがうれしい
ぬくもりのスープ

SHIMA's note

初めてフランスにわたったとき、フランス人がかぼちゃやかぶのスープに大喜びするのを見て、私も幸せな気分になった。野菜をほっくり煮たスープは、フランスのママンの味。

材料（3～4人分）

かぼちゃ…1/2個
玉ねぎ…1/2個
バター…10～30g（好みで）
牛乳…200～300ml
（好みの濃度で）
塩… 適量
コンソメキューブ…1個
味をみて必要なら砂糖… 適量
水… 適量

作り方

1　鍋にバターを溶かし、玉ねぎのスライスを**塩一つまみしてじっくり炒める**。
2　かぼちゃを3cm幅くらいに切り、皮をむく。1に加えてバターをからめ、かぶるくらいの水を入れ、コンソメを加えて柔らかくなるまで**弱火で煮る**。途中で何度か混ぜて上下を返す。
3　かぼちゃが柔らかくなって半分ほど顔を出すくらいに煮詰まったら、牛乳を半量加えてミキサーにかける。このあとざるでこすと、なめらかな仕上がりになる。
4　残りの牛乳を加えて、足りなければ好みの濃度に調整し、味をみて塩でととのえる。甘さが足りなければ、砂糖を加える。鍋でひと煮立ちさせる。

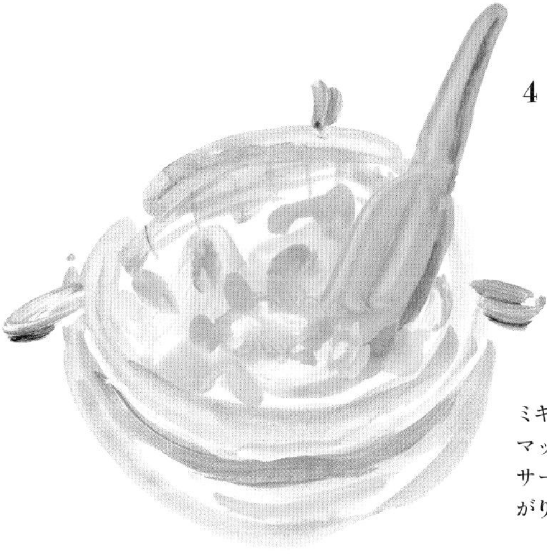

ミキサーがなければ、ざるでこしたりマッシャーでつぶしてもいい。ミキサーにかけるよりきめが粗めの仕上がりになるけれど、それも好みで。

Minestrone

ミネストローネ

たくさんの野菜とパスタが入った
食べるスープ

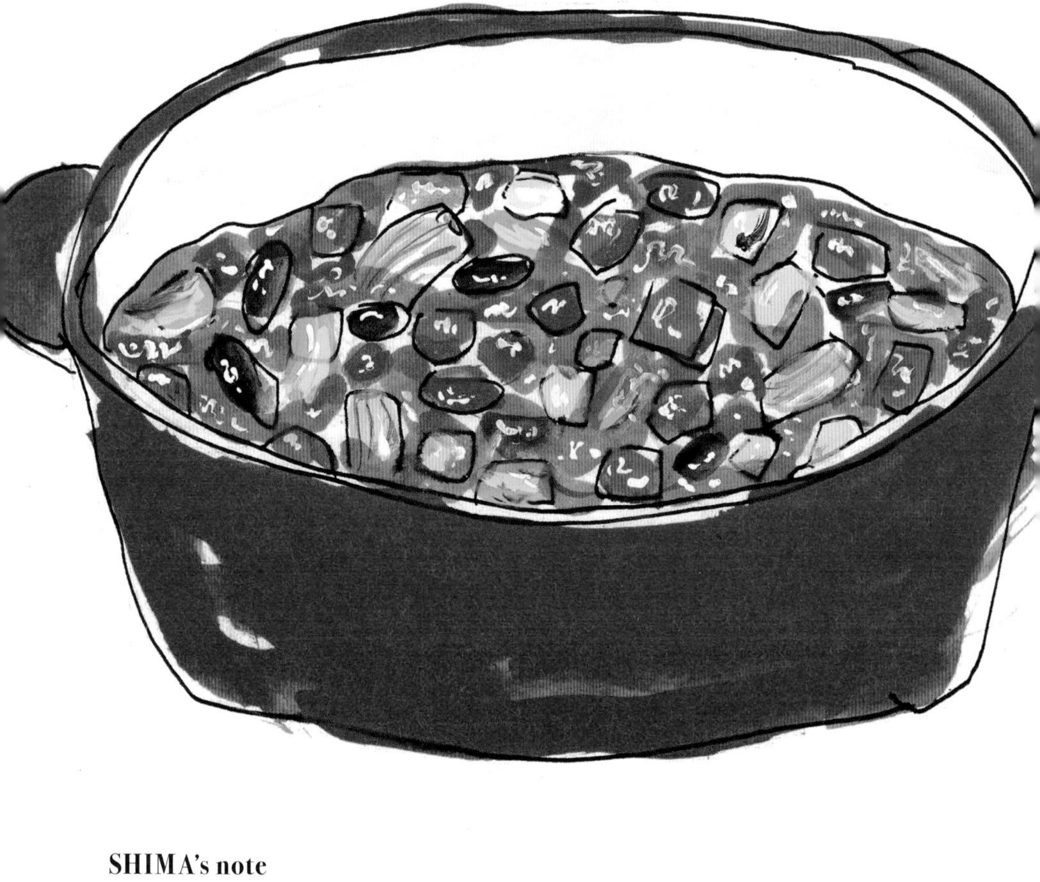

SHIMA's note

ちょっと大きめのボウル皿に盛りつければ、この一品で大満足。野菜の甘みがしっかり味わえるし、栄養のバランスもとれる。

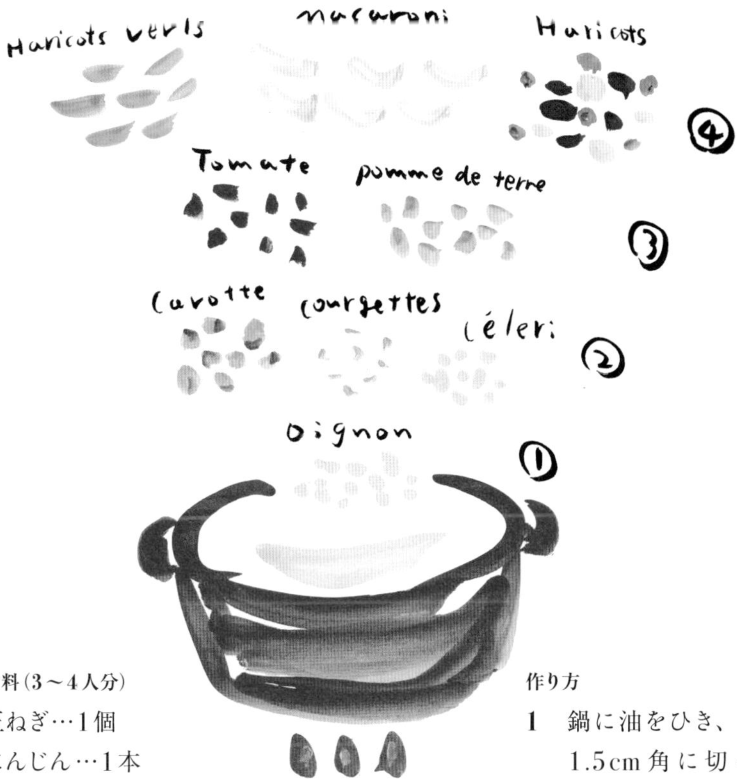

材料（3〜4人分）

玉ねぎ…1個
にんじん…1本
ズッキーニ…1本
セロリ…1/2本
トマト…2個
じゃがいも（メークイン）…1個
いんげん…10本
ミックスビーンズ缶
（白いんげん豆などでも）…1缶
マカロニ…30g
（または小さく折ったスパゲッティ）
コンソメキューブ…1個
塩、こしょう…各適量
油…適量
水…適量

作り方

1　鍋に油をひき、玉ねぎを1.5cm角に切って入れ、**塩一つまみを加え、じっくり炒める**。
2　トマト、じゃがいも、いんげん以外の野菜を、すべて1.5cm角の同じような形に切って、鍋に入れて炒める。
3　全体がしんなりしたらトマト、じゃがいもを1.5cm角に切って入れ、水をしっかりかぶるくらい入れて**強火にし、沸騰したらあくを取る**。コンソメを入れて、**ポコポコと沸く程度の火加減で**約20分、にんじんが柔らかくなるまで煮る。途中で水分が足りなくなったら、かぶるくらいまで水を足す。
4　その間に、いんげんはへたを取ってゆで、1.5cm幅に切る。マカロニもゆでる。
5　**3**に**4**のいんげん、マカロニ、ミックスビーンズを加えて、ひと煮立ちさせる。味をみて、塩こしょうでととのえる。

Vichyssoise

ヴィシソワーズ

夏にぴったりの冷たいスープ
のどごしのよさが際立つ

SHIMA's note

フランスでも暑い日によく飲む。ねぎとじゃがいもの甘さがおいしい。浮き実は小ねぎ、クルトン、生クリーム、パセリなど好みで。盛りつけたあとオリーブ油をひとまわしすると、ぐっとフレンチの風味になる。

材料(4人分)

じゃがいも(メークイン)…3個
ねぎ…1本(緑のところもかたくなければ使う)
バター…20g
コンソメキューブ…1個
牛乳(こってりさせたければ1/3を生クリームに)…300ml
塩、こしょう…各適量
水…適量
浮き実(小ねぎ、クルトン、生クリーム、パセリなど好みで)…適量

煮上がったとき1/3くらいまで煮詰まっていると、味が凝縮されて、牛乳でのばすとちょうどおいしい。スープの感覚よりもややかために仕上げて冷やし、食べるときに牛乳を足してのばすと、味が変わりにくい。

作り方

1 鍋にバターを溶かす。ねぎを斜め薄切りにして、塩一つまみをして弱火でじっくり炒める。

2 じゃがいもは皮をむき2cmの厚さに切る。さらっと仕上げたければ洗う。**1のねぎが汗をかいてくったりしてきたら、じゃがいもを加え**、かぶるくらいの水を入れて強火にして沸かし、あくを取る。コンソメを入れて弱火で15〜20分、じゃがいもが柔らかくなるまで煮る。ここで**1/3になるくらいまで煮詰める**と、おいしく仕上がる。

3 2と牛乳の半量を、ブレンダーやミキサーで手早く混ぜてなめらかにする。残りの牛乳を加えて、塩こしょうで味をととのえる。ひと煮立ちさせ、ボウルなどに移して冷蔵庫で冷やす。

4 冷やすとかたくなるので、食べる前に牛乳(分量外)でかたさを調節し、浮き実を散らす。

Champignons au beurre d'escargot

きのこのエスカルゴバター焼き

にんにくとパセリの香りが食欲を誘って
一人でぜんぶ平らげてしまいそう

SHIMA's note

エスカルゴバターはもともとフランスのブルゴーニュの郷土料理「エスカルゴ」に使われていたものだけれど、フランス人もきのこや魚介のソテーに使ったりバゲットにのせて焼いたりして、リッチな風味を楽しんでいる。

パセリとにんにくは、ミキサーで刻めば楽。水分が出るまでまわして、ボウルに移して他の材料と混ぜる。

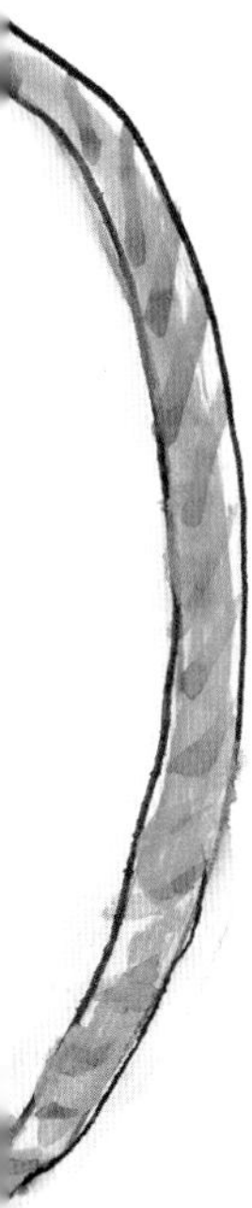

材料（2人分）

しいたけ…2パック

エスカルゴバター

（作りやすい分量）

バター…100g

パセリの葉…30g

にんにく…1かけ

玉ねぎ…大さじ1

（細かいみじん切り）

塩…2つまみ

こしょう…適量

作り方

1 エスカルゴバターを作る。バターは室温にもどして柔らかくする。**パセリは汁が出るまで細かくたたくと、緑が鮮やかに出る**。にんにくはすりおろす。材料をぜんぶ合わせて、パセリの色が全体になじむまでよく混ぜる。

2 しいたけは石づきを取り半分に切り、グラタン皿に入れて1を1/3量散らし、230度に予熱したオーブンで約10分、**バターがしっかり沸いてうっすら焼き色がつくまで**焼く。

mémo

・ここで使うエスカルゴバターは作った量の1/3。残りは炒めものに使ったり、ステーキにぽんとのせてソースにしたり、フライのタルタルにしたりといろいろ使える。冷凍もできる。

・オーブンの代わりにオーブントースターや魚焼きグリルでもいいし、フライパンで作るときは、油で焼いてからエスカルゴバターをからめる。

Ratatouille

ラタトゥイユ

フランスの夏の食卓に必ず登場
野菜のおいしさがつまっていて栄養たっぷり

SHIMA's note

フランス人はラタトゥイユが大好きで、みんな自分なりの作り方がある。マルシェで仕入れた野菜でたくさん作って友人とテーブルを囲み、「なすとトマトだけのシンプルなものが最高よ」「玉ねぎは必ず入れなくちゃ」と自分のレシピを自慢し合っている。

野菜の切り方は自由。ポイントは大きさをそろえること。火の通りが均一になる。

材料（4人分）

玉ねぎ…1個
にんにく…1かけ
なす…2本
ズッキーニ…2本
赤・黄パプリカ…各1個
トマト缶（ホールでもカットでも）
…1缶（400g）
塩、こしょう…各適量
オリーブ油…大さじ2
タイム、ローリエ…各適量

作り方

1 玉ねぎは2cm角に、にんにくは半分に切る。鍋にオリーブ油をひき、玉ねぎ、にんにくを入れて、塩一つまみをして**弱火でじっくり炒めて甘みを出す**。

2 残りの野菜をすべて2cm角に切りながら加え、**そのつど塩を一つまみ**する。

3 野菜が汗をかくくらい**しんなりしてきたらトマト缶を汁ごと入れる**。空いた缶に水200ml（缶の半分。分量外）を入れて洗い、鍋に加える。

4 ハーブを入れて、**強火で沸かせてから、ふたをして弱火で**20分煮る。味をみて塩こしょうでととのえる。

mémo

フレッシュのトマトだと軽く仕上がる。4〜5個を角切りにして、水は入れずに煮込み、あとは同じように作る。

Tortilla

スパニッシュオムレツ

具だくさんだからメインになる

SHIMA's note

夕食のメインにもなるし、簡単なランチにもピッタリ。日光と風が心地よい季節には、旬のものを何でも入れて焼いて、外で食べると格別。

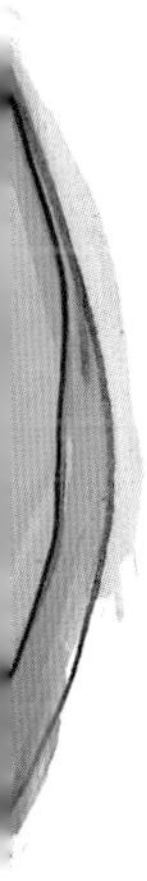

材料（3〜4人分）

じゃがいも（メークイン）…2個
玉ねぎ…1個
ソーセージ…2パック（約12本）
パセリ（みじん切り）…大さじ1
卵…6個
塩、こしょう…各適量
油…大さじ1

作り方

1 じゃがいもはよく洗って、皮つきのままラップにくるんで、電子レンジに入れて600Wで4分、上下を返してさらに4分加熱する。串がすっと通ったらOK。

2 玉ねぎは薄切りにし、小さいフライパンに油をひき、**塩一つまみして弱火でじっくり炒める**。ソーセージを2cm幅に切って加えて炒め、1のじゃがいもを3cm厚さに切って加える。皮はそのままでも、むいてもいい。塩一つまみとこしょうをし、パセリを加える。

3 卵をほぐして2に加えて、**強火で半熟になるまで数回混ぜながら**火を入れ、**ふたをして弱火で**中まで完全に火が入るように焼く。皿にひっくり返す。

卵を入れたら、大きく混ぜて半熟にしてから、ふたをして焼き固める。

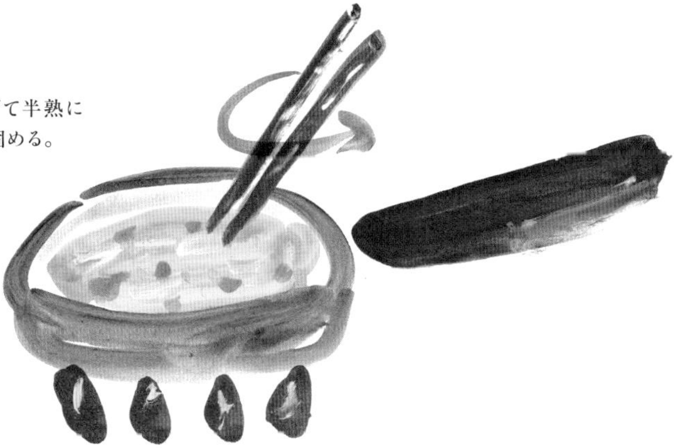

Champignons à la

シャンピニオン・ア・ラ・グレック

好きなきのこを取り合わせてトマト煮に
きのこのおいしさたっぷり

grecque

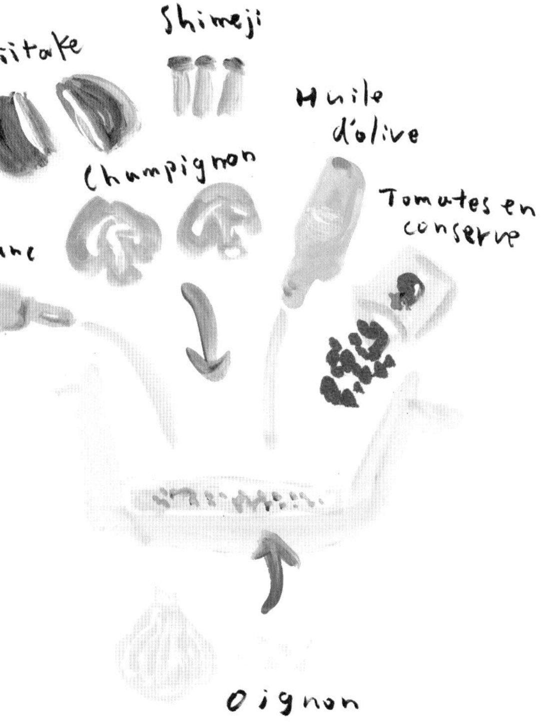

SHIMA's note

フランスの家庭では前菜でよく食べる、きのこのギリシャ風煮込み。サラダやパンにのせてもいいし、魚や肉のソースにしてもおいしい。
きのこは好きな組み合わせでもいいし、1種類でもいい。大きめにゴロゴロ切る方が、きのこのおいしさが味わえる。冷やして食べてもOK。

材料（4人分）

マッシュルーム…1パック
しいたけ…1パック
しめじ…1パック
玉ねぎ…1/2個
油…大さじ2
トマト缶（ホールでもカットでも）
　…1缶（400g）
白ワイン…100ml
水…100ml
塩、こしょう…各適量
コンソメキューブ…1個
クミン（シードでもパウダーでも）…適量
タイム（フレッシュでも乾燥でも）…適量
ローリエ…1枚

作り方

1 きのこ類は石づきを落とし、マッシュルームは縦半分に、しいたけは1/4に、しめじはほぐす。

2 玉ねぎをみじん切りにする。鍋に油をひき、玉ねぎを入れて**一つまみの塩をしてじっくり炒めて甘みを出す**。しんなりしたら**1**を加える。

3 きのこに油がまわったら、トマト缶を汁ごと入れる。空いた缶に白ワインと水を入れて洗い、鍋に加える。

4 コンソメ、クミン、ハーブを加え、**強火で沸かしてから、ふたをして弱火で10分**煮る。味をみて塩こしょうでととのえる。

Quiche

キッシュ

冷凍パイシートで手軽にできる
冷めてもおいしいから持ち寄りパーティにも

材料（直径18cmの型1台分）

玉ねぎ…1個
ベーコンスライス…4枚
ほうれん草…1/2束
冷凍パイシート（20×20cm）
…2枚（1/2サイズの長方形タイプなら4枚）
卵…3個
牛乳…400ml
ピザ用チーズ…ひとつかみ
塩、こしょう…各適量
油…大さじ1

作り方

1 玉ねぎを薄切りにする。フライパンに油をひき、玉ねぎを入れて**塩一つまみをしてじっくり炒める**。

2 ベーコンは細切り、ほうれん草は3cm幅に切り、**1**に加えて炒め、塩こしょうで**しっかりめに味をととのえて**、冷ます。

3 パイシートを、伸ばさないで型に貼りつける。長方形のシートは、2枚を1cm分重ねて、指で押さえてくっつけ、寸法が足りなければ、余った分を貼りつけていく。そこに**2**を入れる。

4 ボウルに卵を割りほぐし、牛乳を加えて混ぜ、**軽く塩こしょう**をする。**3**に流し入れ、チーズを全体に散らす。200度に予熱したオーブンに入れて、1時間焼く。

パイシートを型に貼りつけたら、めん棒を転がして周囲の余った分を切り取る。切り取った生地はいっしょに焼いて、一口サイズのおやつに。

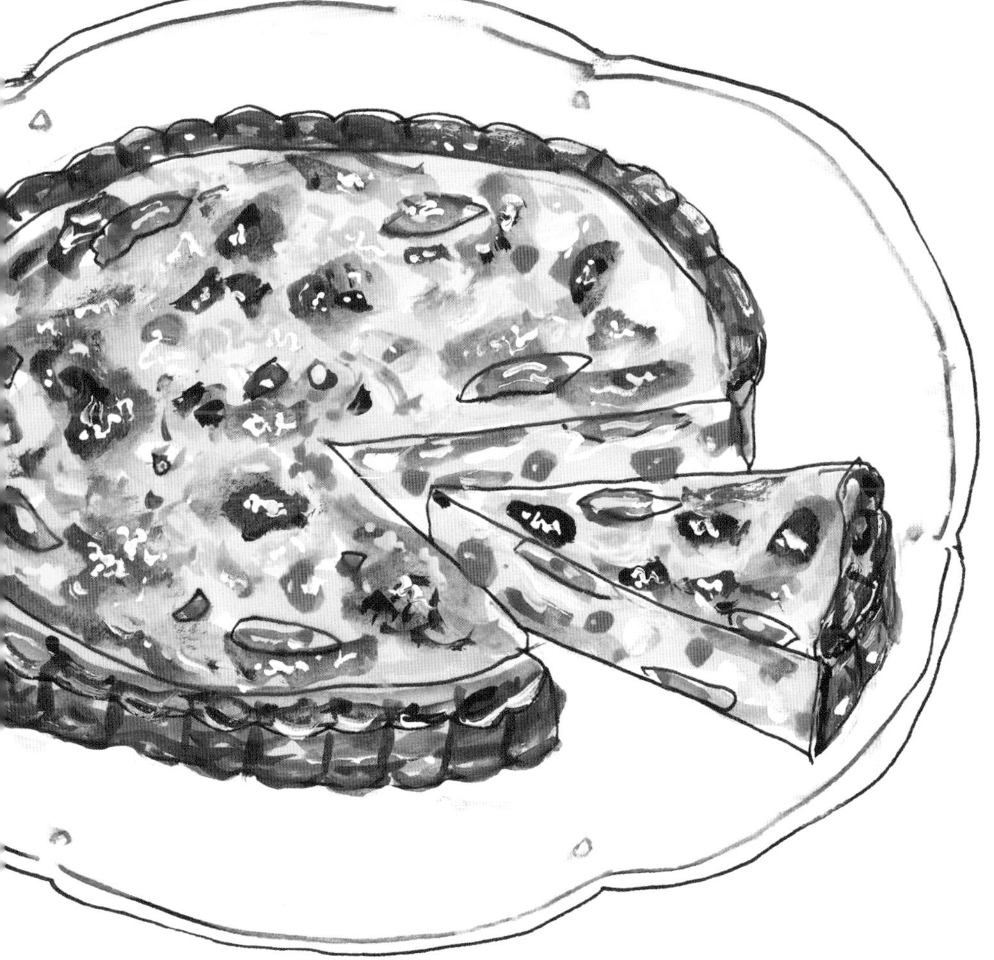

SHIMA's note

夫のロマンのお母さんは、キッシュをしょっちゅう作る。フランス人は、たいていのものはオーブンで焼けば簡単という感覚があって、たしかにオーブンは使い慣れればとても便利。
玉ねぎをじっくり炒めて甘みとうまみを出すと、料理にしっかりとした骨格ができる。

SHIMA's note édition extra

「おいしい！」の秘密

ハーブとワイン

タイムとローリエだけでフレンチになる

フランスの家庭料理は、タイムとローリエさえあればおいしく作れます。わが家でも、常備しているハーブはこの2つだけです。タイムはプランターで育てているので生を使いますが、冬場など育ちにくい時期は市販の乾燥タイプを使っています。

フランス人にとってハーブは欠かせない食材で、マルシェにはほうれん草のような葉物野菜と同じように、どっさり束にして安く売られています。

私も煮込み料理にはタイムとローリエを必ず入れるし、ローストビーフやローストチキンのようなかたまり肉を焼くときは、これらのハーブを上にのせて一緒にオーブンに入れます。魚や肉をフライパンで蒸し焼きにするときもハーブを入れて香りをつけます。肉をオリーブ油とハーブでマリネ（漬けておくこと）してから焼いたり、エスカベッシュ（54ページ）のように焼いたあとにマリネするときも、マリネ液にタイムとローリエを入れます。

本書のレシピにも、タイムとローリエがあちこちに登場しています。なくても作れますが、香りがぐっと増してフレンチのおいしさが楽しめます。

ハーブで食卓がおしゃれになる

ハーブは食卓の演出にも一役買います。盛りつけ皿に、料理に使ったローリエの葉やタイムの枝がちょこんと添えてあるだけで、一気に雰囲気が変わります。

生のタイムを扱っている店もあるので、クリスマスやちょっとした集まりのときに、盛りつけの演出も含めて試してみてはいかがでしょう。

ワインを使うとフレンチになる

ワインもフランスの家庭料理に欠かせません。和食に日本酒を使うのと同じですね。

ワインのすっきりした風味がフランス料理のおいしさを作っているので、使い慣れると味の幅が広がります。

料理に使うときも、料理用ではなく飲む用のワインをおすすめします。白なら辛口、赤ならフルボディがいいでしょう。

ワインはコンビニでも売られていて、安く手に入ります。残ったワインは、わが家では２〜３日のうちに飲んでしまうけれど、冷蔵庫に入れておけば１か月くらいなら料理に使っても問題ありません。

Tartare de saumon

サーモンのタルタル

切って塩こしょうとレモンであえるだけ
サラダ感覚で食べてもいいし、たっぷり作ればメインにも

材料（2人分）

サーモンのさく…1さく（200g）
塩、こしょう…各適量
きゅうり…1/2本
アボカド…1/2個
レモン…1/4～1/2個

作り方

1　サーモンは1～1.5cmの角切りにし、**しっかりめに塩こしょう**をし、味をみながらレモンをしぼる。
2　きゅうり、アボカドも同じ大きさに切り、1と混ぜる。皿に盛る。

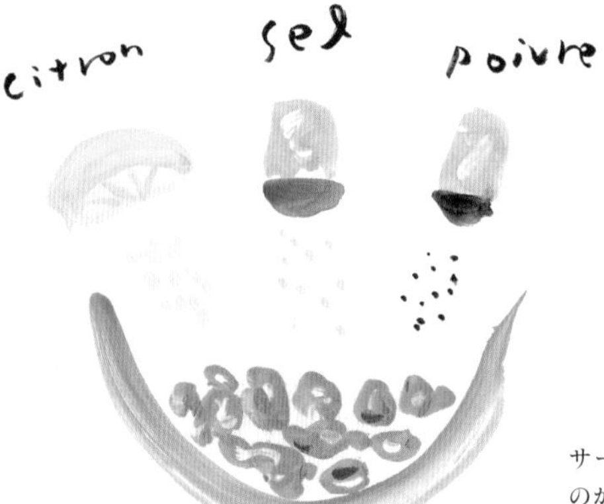

サーモンにだけしっかり味をつけるのがおいしくなるコツ。

SHIMA's note

サラダといっしょに食べてもいいし、パンにのせても。サーモンはうまみが強いので、きゅうりやアボカドを合わせるとフレッシュ感が加わって味にメリハリがつく。刺し身用の帆立や鯛でもおいしい。

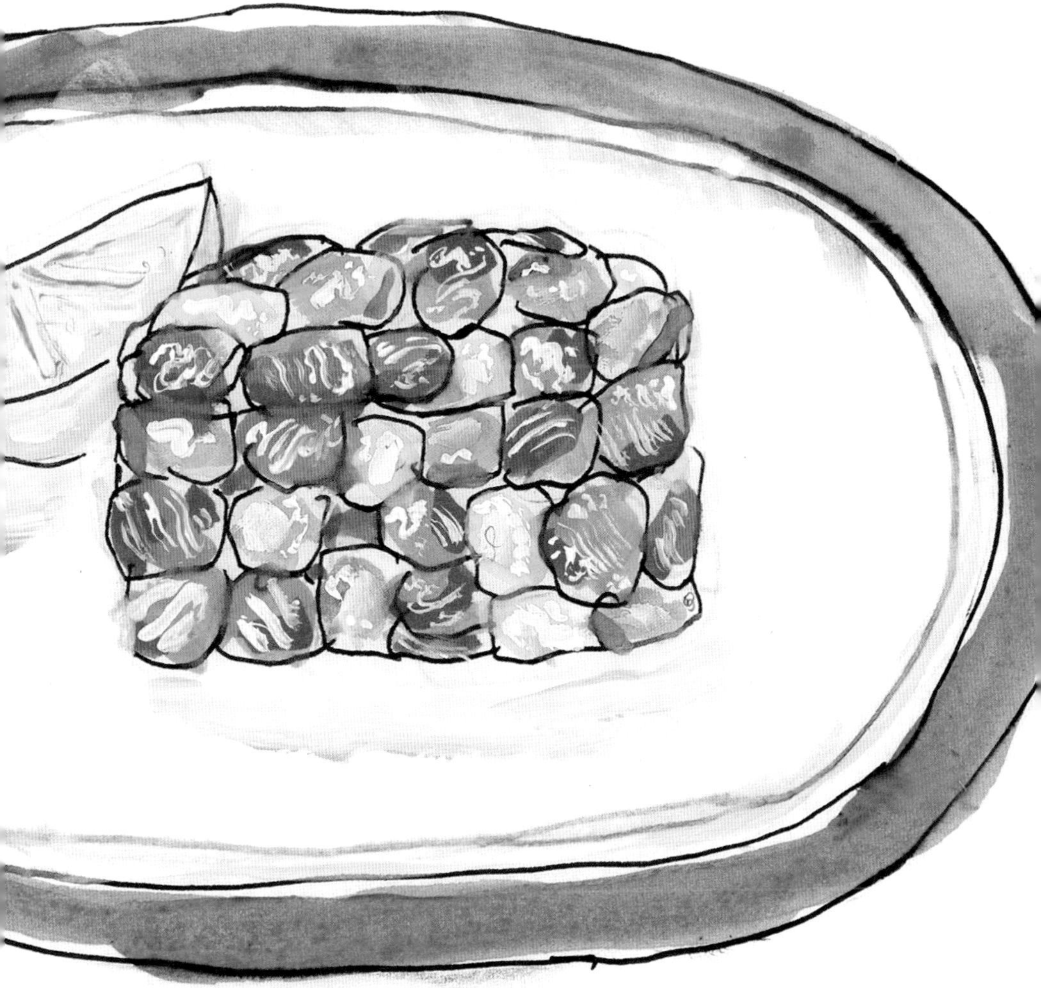

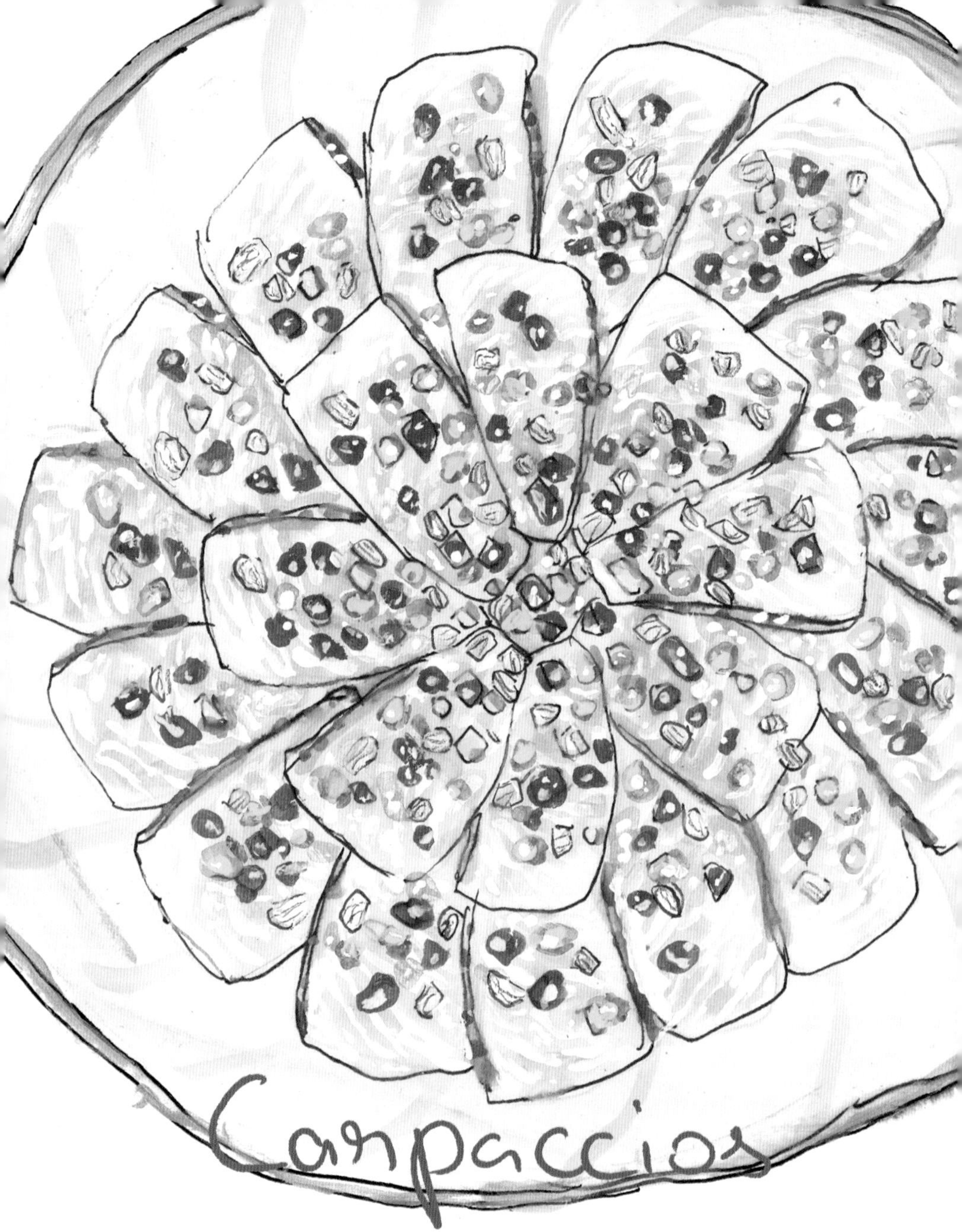

カルパッチョ

いつものお刺し身を地中海風に食べる

魚の下塩がうまみを引き出す

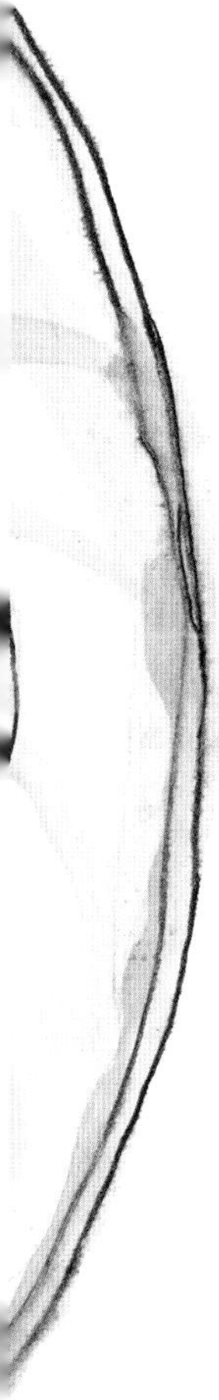

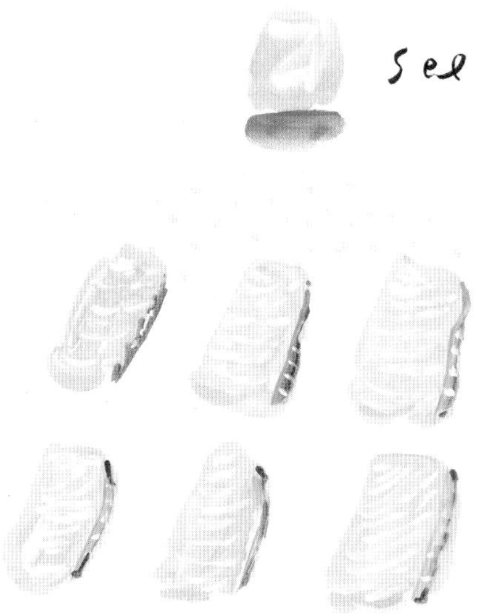

お刺し身に下塩をするのを忘れずに。

材料（2～3人分）

鯛のさく…1さく（200g）
塩…少量

ドレッシング

トマト…小1個
きゅうり…1/2本
玉ねぎ…1/4個
酢…大さじ1
レモン汁…1/4個分
オリーブ油…大さじ3
塩…小さじ1/2
こしょう…適量

作り方

1 鯛のさくは薄くそぎ切りにし、皿に並べて、**軽く塩**をする。
2 ドレッシングを作る。野菜はすべて小さい角切りにする。玉ねぎは、切ったあと水でさっと洗ってしぼる。ボウルに塩、こしょう、酢、レモン汁を加えよく溶かし、オリーブ油を加え、野菜を入れる。
3 **1**に**2**をかける。

SHIMA's note

鯛はさくで買って、薄切りにするのがおすすめで、ドレッシングのまとわりつきがよい。ドレッシングにフレッシュな野菜を入れることで、さっぱりして食べごたえのあるカルパッチョになる。

Rillettes de Thon

ツナのリエット

あっという間にできる
さりげなく気取れる一品

材料（作りやすい分量）

ツナ缶（オイル漬け）…1缶
クリームチーズ（個包装タイプ）
…5～7個（70～100g）
塩、こしょう…各適量

作り方

ツナは油を切り（油は取っておく）、クリームチーズと混ぜる。かたければツナ缶の油を加えて好みのかたさに調節する。塩こしょうで味をととのえる。

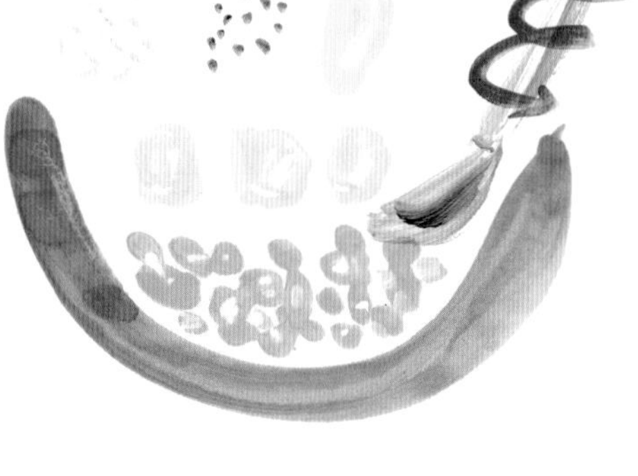

SHIMA's note

このレシピを試した友人が、リエットがこんなに簡単にできると思わなかったとびっくりしていた。パンにぬったり、野菜のディップにしたり、おにぎりの具にもなる。レストランではバター代わりに出すことも多い。ちょっとした集まりにも、ぜひ。

mémo

ツナ缶の代わりに、さけ缶やかに缶でもいいし、ハムもおいしい。ハムのリエットは、ハムを細かく刻んで、あとは同じように作る。

Friture de fruit

白身魚と魚介類のフリット

ふっくらの衣に魚介のふんわりした口当たり

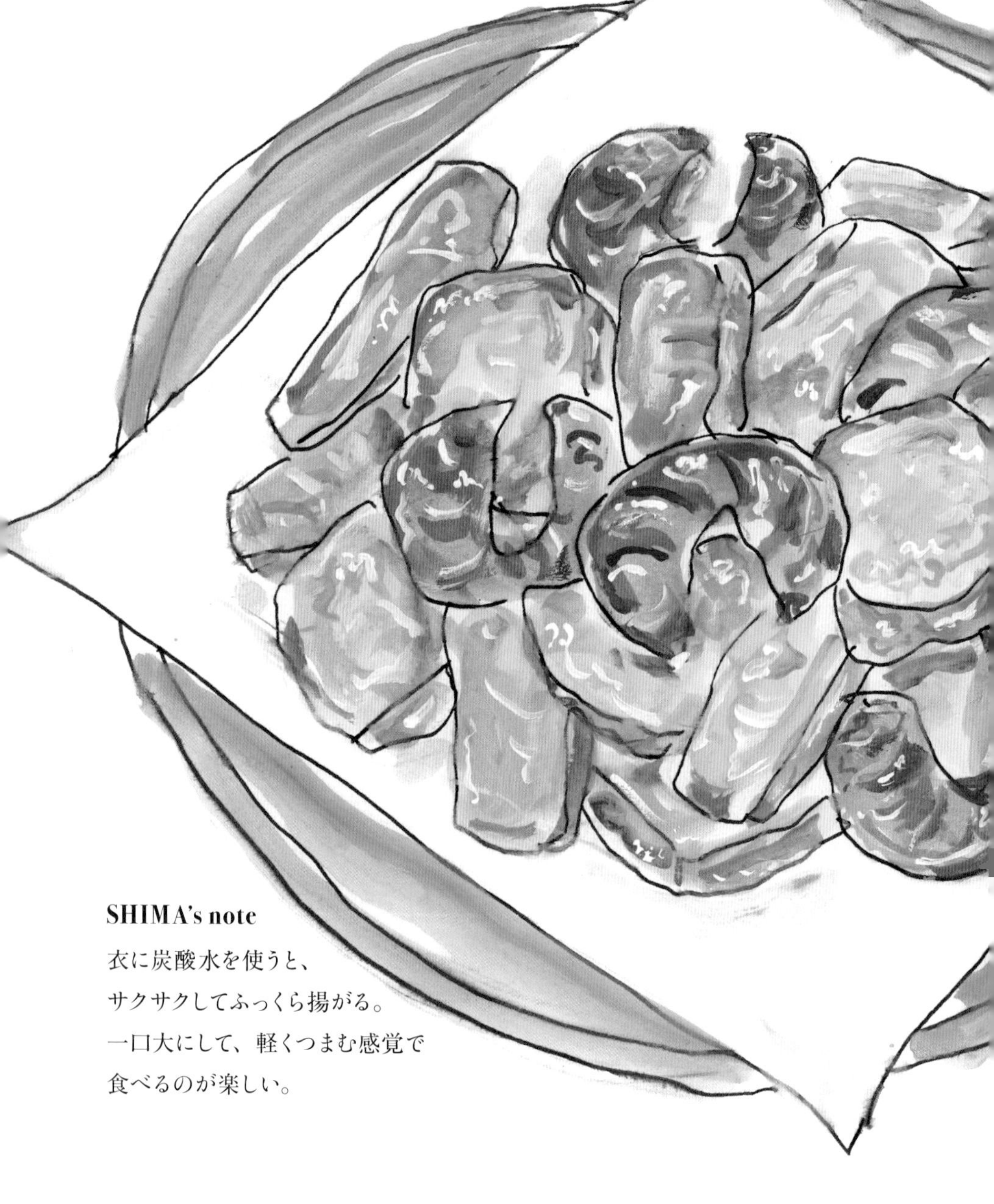

SHIMA's note

衣に炭酸水を使うと、
サクサクしてふっくら揚がる。
一口大にして、軽くつまむ感覚で
食べるのが楽しい。

de mer

魚介に小麦粉をはたいておくと、揚げたとき衣がはがれず、パサつかない。

材料（2～3人分）

鱈…2切れ
えび…4尾
カットいか…50g
塩、こしょう…各適量
小麦粉…適量

衣

小麦粉…100g
塩…一つまみ
炭酸水…100～140ml

揚げ油…適量

作り方

1 鱈はキッチンペーパーで水分を取り、一口大に切る。えびといかは、冷凍なら解凍して、水分をよくぬぐう。**しっかり塩こしょう**をして、**小麦粉を薄く**つける。

2 衣を作る。ボウルに小麦粉、塩を入れ、炭酸水を少しずつ加えながら混ぜる。

3 鍋に深さ3cmの油を熱する。**2**の衣を少量落としてすぐに浮いてきたら適温になっている。**1**を**2**にくぐらせて、中火で揚げる。揚げる時間は4～5分が目安。

Escabèche

エスカベッシュ

魚を揚げて、酸味がきいた漬け汁でマリネ
さわやかでしっかりした味わい

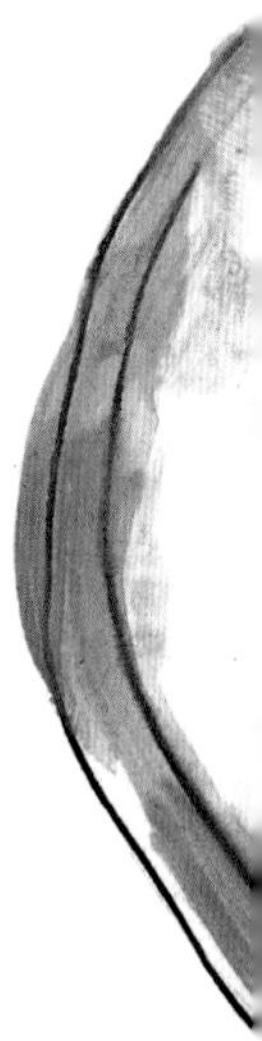

材料（2～3人分）

あじの三枚おろし…8枚
（好みの魚で代用可）
塩、こしょう…各適量
小麦粉…適量
油…大さじ4
にんじん…1/4本
玉ねぎ…1/2個
ピーマン…1個
セロリ…6cm

漬け汁

白ワイン…50ml
酢…50ml
水…100ml
塩…小さじ1/2
砂糖…小さじ2
あればタイム適量、
ローリエ1枚

作り方

1　あじは半分に切って塩こしょうをし、小麦粉をつけ、フライパンに油をひいて揚げ焼きにする。皿に盛りつける。

2　野菜はすべてみじん切りにする。小鍋に漬け汁の材料を入れて沸かし、塩と砂糖が溶けたら野菜を入れて、**ひと煮立ち**したら1の魚にかける。粗熱が取れてから食べる方が、味がしみこんでおいしい。

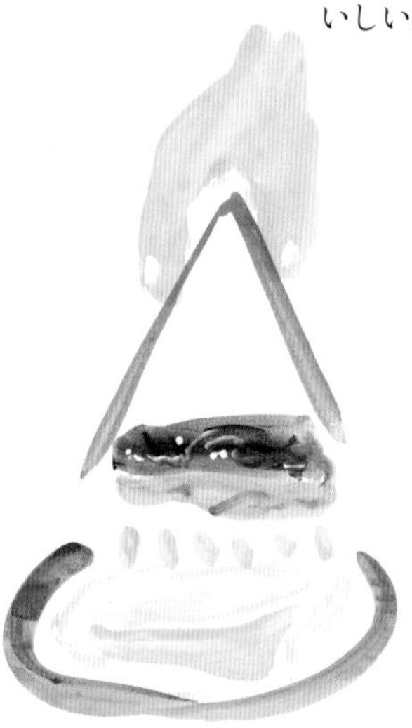

漬け汁にはオイルを入れない。揚げた魚で油分を補い酸味を和らげるので、魚をフライパンから引き上げたら油はひとふり落とす程度で皿に盛りつける。

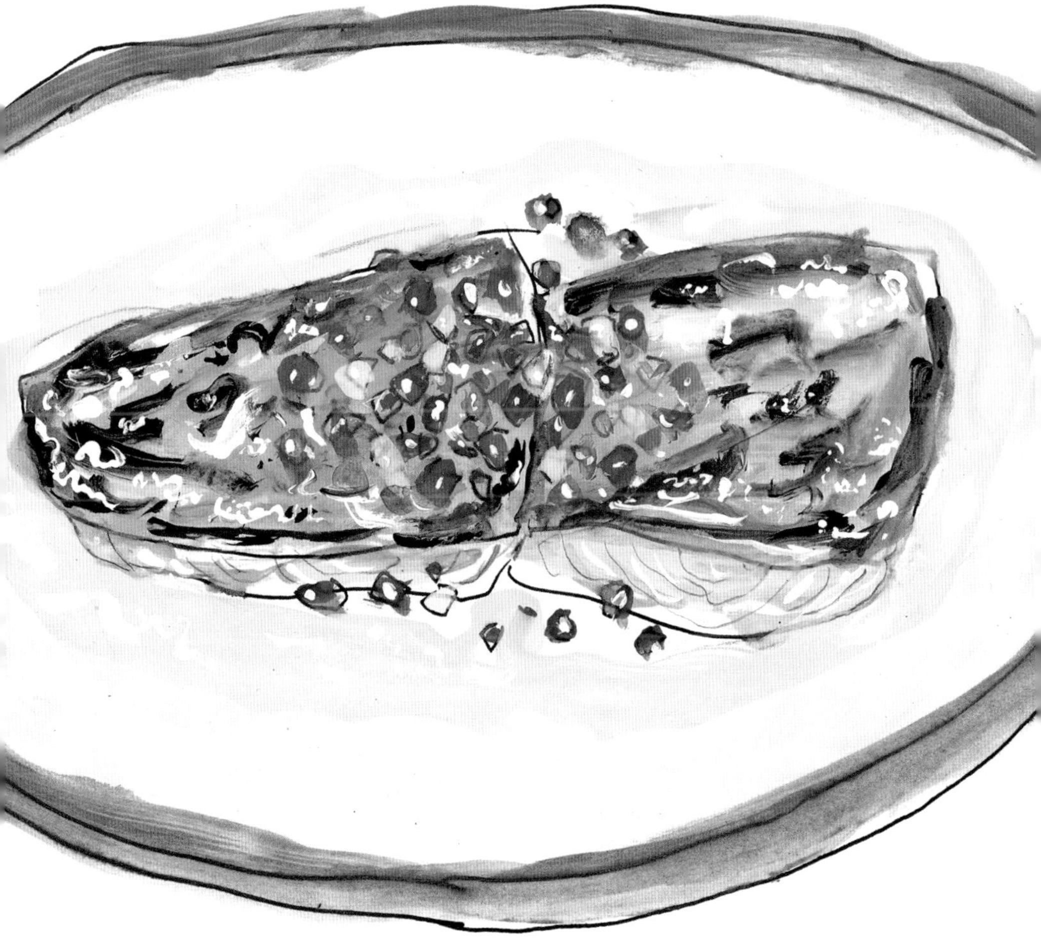

SHIMA's note

もとは地中海地方の料理。フランスの家庭でも好まれて、ロマンのお母さんもよく作っている。保存もきくので、多めに作って翌日に食べてもおいしい。

Gratin de fruit de mer

シーフードグラタン

香ばしい焼き目の下は
具とソースとマカロニのなめらかな一体感

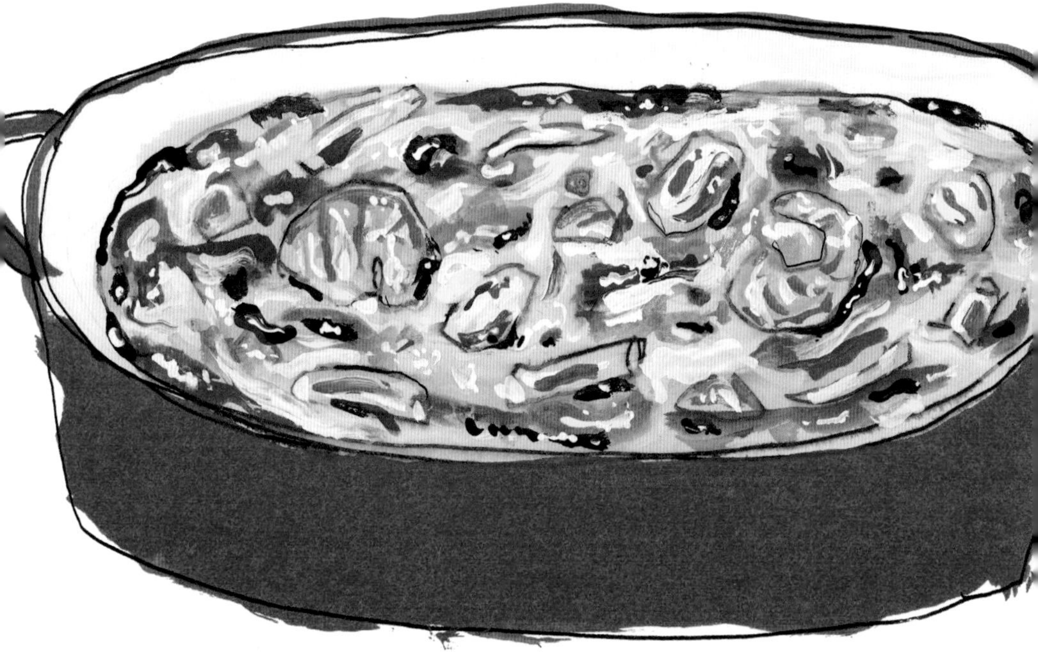

SHIMA's note

フランスでは、アンディーブ（チコリ）という、ちょっと苦みのある葉野菜とハムを具にしたグラタンが定番。フランス人にとってグラタンは冬の食べ物だけど、季節を問わずおいしい。時季や気分によってホワイトソースの濃度を変えるといい。わが家の子どもたちも大好きで、オーブンからいい匂いがしてくると、できた？　できたよ！　と声が飛びかって、期待にほころぶ顔がテーブルに集まってくる。

材料(2～3人分)

シーフードミックス…1パック
玉ねぎ…1/2個
油…適量
マカロニ…30g
バター…40g
小麦粉…40g
牛乳…500ml
塩、こしょう…各適量
ピザ用チーズ…ひとつかみ

バターと小麦粉を加えたら
ふつふつ沸かす

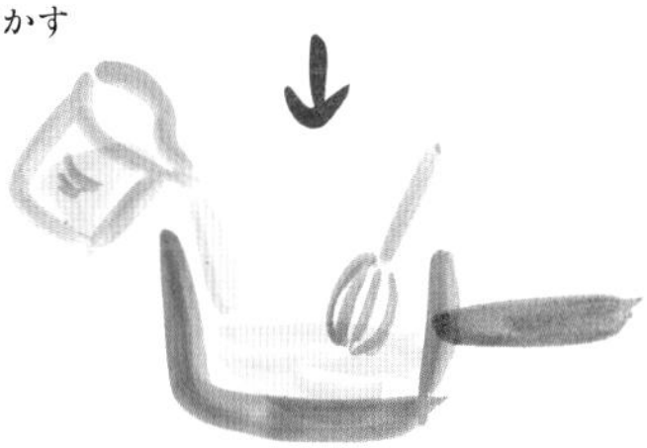

牛乳を半量入れて練るようにしっかり混ぜ、ダマをつぶす

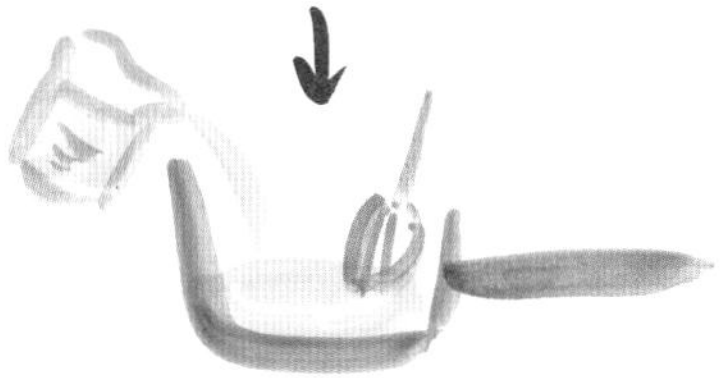

残りの牛乳を半量入れて、同様に

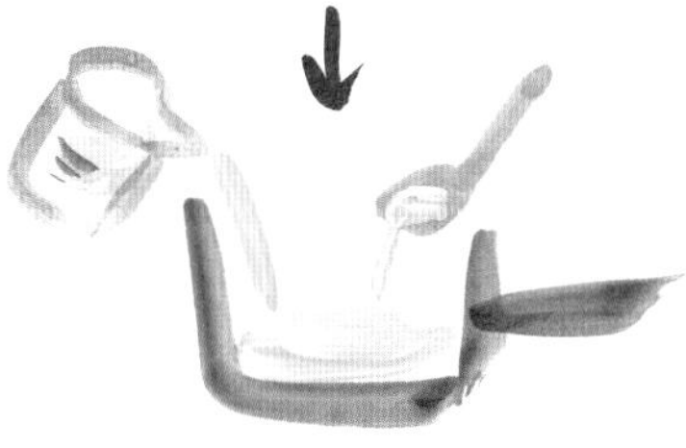

残りの牛乳を入れてなめらかに混ぜたら、いったん沸かして完成！

作り方

1 シーフードミックスは、3％の塩水(水1ℓに対して塩30gの割合、分量外)に浸けて解凍する。

2 玉ねぎをみじん切りにする。フライパンに油をひき、玉ねぎを塩一つまみしてじっくり炒める。鍋に水と1％の塩(水1ℓに対して10g、分量外)を入れて沸騰させ、マカロニを入れて、袋の表示よりも**5分長くゆでる**。

3 シーフードミックスは、水分をしっかり取って塩こしょうをし、2の玉ねぎに加えて火を通す。

4 3にバターを加え、溶けたら小麦粉を加えてよく混ぜ、粉気がなくなったら牛乳の半量を一気に加えて、強火のまま沸騰するまで混ぜる。パン生地くらいのとろみがついたら、練り上げるように混ぜて、ダマが消えて表面がなめらかになったら、残りの牛乳を2回に分けて加える。そのつど沸騰させて、同じように練り混ぜる。

5 マカロニを加えて混ぜ、グラタン皿に入れる。表面にチーズを散らして、230度に予熱したオーブンで約15分、焼き色がつくまで焼く。

Saumon en croûte

サーモンのパイ包み焼き

**パイシートで簡単
食卓が一気に華やぐ**

材料（3～4人分）

サーモンのさく…250g
冷凍パイシート（20×20cm）…2枚
塩、こしょう…各適量
クリームチーズ（個包装タイプ）
…3個（約45g）
ほうれん草…1束
バター…20g
オリーブ…10粒
にんにく…1/2かけ
卵黄…1個分

かぶせる部分を、軽く押さえて手の熱で少し伸ばして、こころもち引っ張りながらかぶせると、上手に包める。

作り方

1 ほうれん草は、ざく切りにしてバターでさっと炒め、軽く塩こしょうをし、冷ます。

2 オリーブとにんにくは、いっしょに細かく刻む。

3 サーモンはキッチンペーパーで水分をしっかり取り、縦半分に切って、**しっかりめに塩こしょうをする。**

4 パイシートを広げて、上半分にクリームチーズを塗り、その上にほうれん草、サーモン、2の順番で各半量ずつのせる。ふちに卵黄を塗り、半分に折りたたんでくっつける。残りの1枚も同様に作る。

5 4の表面に卵黄を塗り、**フォークで穴を数か所あける**。包丁で模様をつけてもよい。これは空気をぬいて、加熱中に膨張して割れるのを防ぐため。

6 200度に予熱したオーブンで30～40分、表面がこんがりきつね色になるまで焼く。

SHIMA's note

パイ包みと聞くだけで敬遠されがちだけれど、パイシートを使うと難しいことが一切なくて、料理を華やかにしてくれる。フランスの家庭でもパイシートは必須アイテムで、わが家でも余った肉じゃがやカレー、ミートソースなどをよくパイ包みにする。じゃがいもを電子レンジで柔らかくして、パイシートで包んで焼くだけでもおいしい。

Poisson Vapeur au sauce beurre

塩だらの白ワイン蒸し ブールブランソース

バターの香ばしさに酸味を加えたソースが
魚料理にぴったり

SHIMA's note

ブールブランはフランスの代表的なソースで、魚料理に欠かせない。家庭の食卓にもよく登場する。バターをたっぷり使うけれど、レモンやビネガーで酸味をきかせるので、重くなくてまろやかで、日本の友人も大好き。蒸したいかやえび、帆立にも合うし、ゆで野菜にかけてもおいしい。

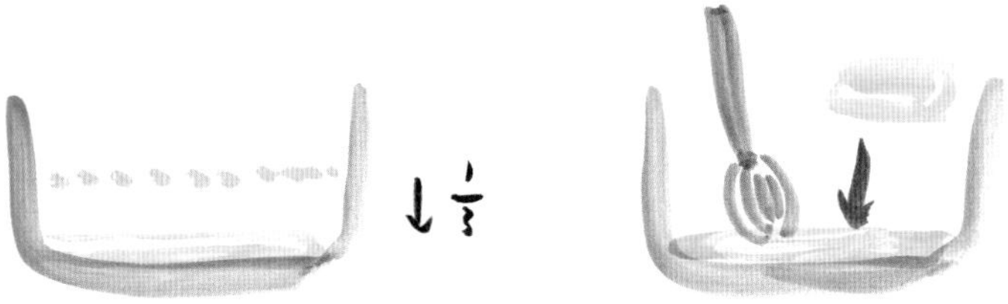

ソースは、白ワインを煮詰めてうまみを凝縮させてからバターを加えることで、リッチな味わいになる。

材料（2人分）

塩だら…2切れ
塩、こしょう…各適量
白ワイン…大さじ1
かぶ…中2〜3個

ソース

白ワイン…100ml
塩…一つまみ
バター…50g
レモン…1/4個〜（好みで）

vin blanc,
blanc

作り方

1 かぶは1cm幅の輪切りにして、電子レンジで柔らかくする。目安は600Wで2〜4分。かぶの葉があれば、いっしょに加熱してよくしぼり、粗みじん切りにする。
2 塩だらは**軽く**塩こしょうをし、白ワインをまわしかけて、ラップをして電子レンジに入れ、600Wで約4分加熱する。
3 ソースを作る。**2**で出た汁と白ワインを小鍋に入れ、塩を加えて**1/3量になるまで煮詰める**。中火でバターを少しずつ加えながら、泡立て器で**白っぽくなるまで**混ぜる。火を止めて、レモンをしぼる。
4 **1**のかぶと葉を皿に盛り、**2**をのせ、**3**のソースをかける。

mémo

生のたらを使うときは、下味の塩こしょうをしっかりする。あとは同じ。

Poisson poêlé

魚のポワレ　青野菜のブレゼ

フライパンで香ばしくふっくら焼ける
ゆでた野菜と柔らかいバターソースで

材料（2人分）

鯛…2切れ
塩、こしょう…各適量
油…大さじ1

つけ合わせ野菜

アスパラガス…4本
いんげん…10本
ブロッコリー…1/2株
玉ねぎ（みじん切り）…大さじ1
バター…10g

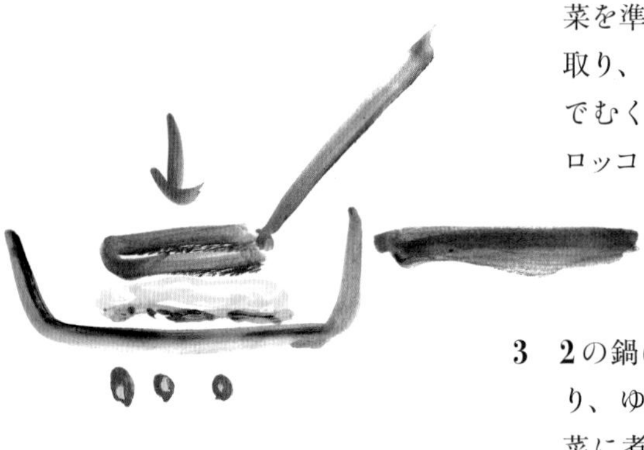

焼き始めをフライ返しで押さえると、皮がクッションになってふっくら火が入る。皮がついていない切り身の場合は、中火で両面をさっと焼く。

作り方

1　鯛は水分をキッチンペーパーで取り、しっかりめに塩こしょうをする。油をひいたフライパンに、**皮目を下**にしてのせて火をつける。音がしてきたらパチパチ音がする程度の**弱火**にして、最初30秒ほどフライ返しなどで**押さえ、動かさずに焼く。皮目に8割火を通し**、身の周りが白くなってきたら、返して両面焼く。

2　鯛を焼いている間につけ合わせの野菜を準備する。アスパラガスはがくを取り、下5cmくらいの皮をピーラーでむく。いんげんは2～3等分、ブロッコリーは一口大に切る。たっぷりの湯でゆで、ゆで汁を鍋に100mlほど残して野菜をざるにあげて水気を切る。

3　2の鍋に、バター、玉ねぎのみじん切り、ゆでた野菜を入れて、強火で野菜に煮汁をからめ、**煮汁が白っぽくなったら火を止める**。

4　1の鯛と3の野菜を盛りつけて、煮汁をかける。

SHIMA's note

フランスは魚の種類が日本ほど豊富でなく、フランスに行った当初は魚料理にあまり関心が向かなかったけれど、ある日、働いていた店のまかないで出た魚のおいしさにびっくり。それがこの料理。料理名にあるポワレもブレゼも、フランスでおなじみの調理法。ポワレはフライパンで焼くことで、こんがり焼いた魚の皮目が香ばしい。ブレゼは少ない水分で蒸し煮することで、ぐっと凝縮された野菜のうまみが味わえる。

Filet de daurade

鯛のデュグレレ風

白ワインで蒸すだけ
あっという間にできるごちそう

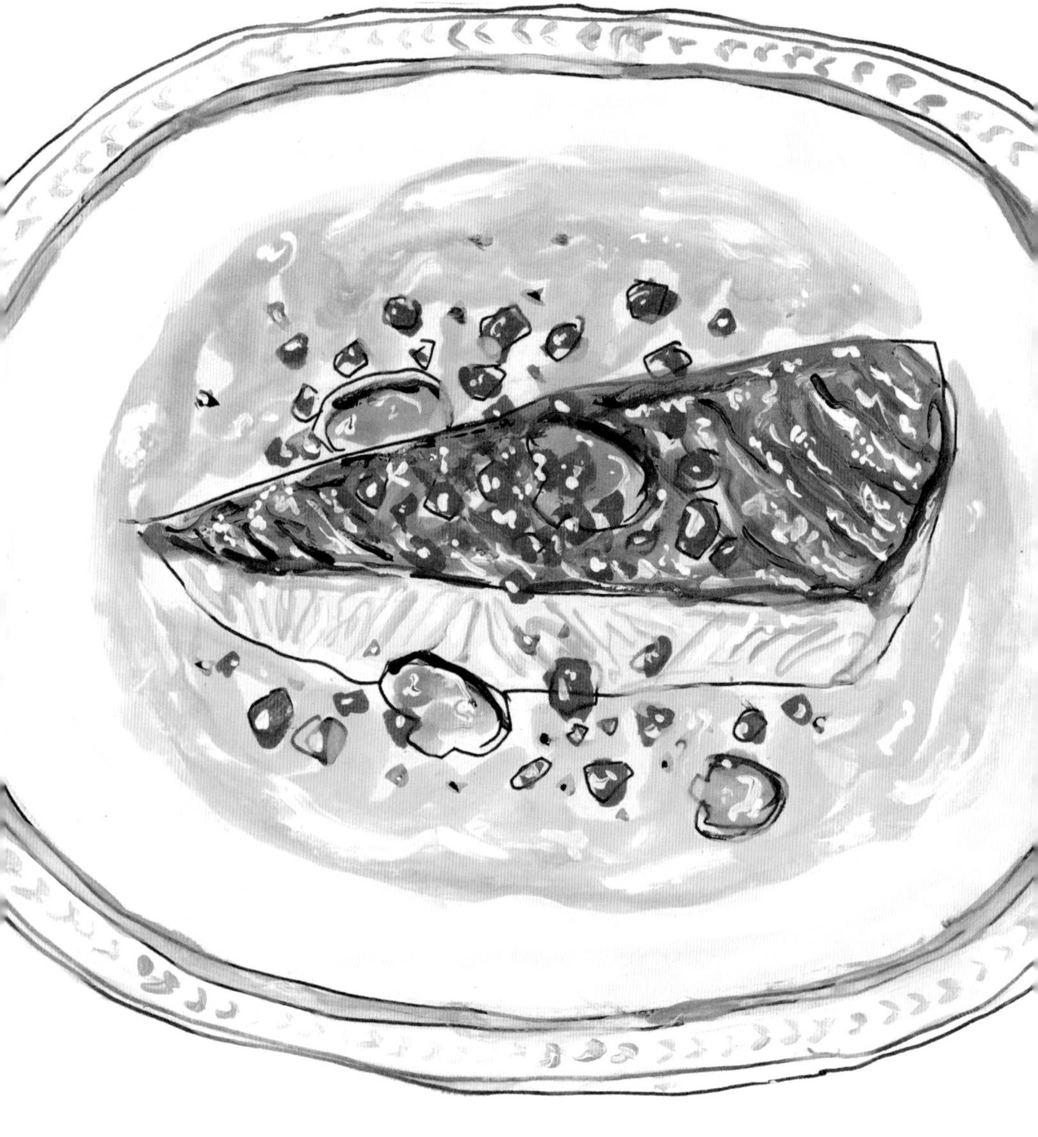

sauce dugléré

トマトを加えたら強めの火で手早く
煮て、トマトの酸味を残す。

材料(2人分)

鯛のさく…1さく(または切り身2切れ)
塩、こしょう…各適量
マッシュルーム…1パック
トマト…1個
白ワイン…50ml
水…50ml
バター…40g
パセリ(みじん切り)…大さじ1

作り方

1. マッシュルームは薄切りにして、フライパンに敷く。鯛にしっかりめに**塩こしょうをして、マッシュルームの上にのせる**。白ワインと水をまわしかけて、ふたをして5分蒸し煮にする。
2. 鯛に火が入ったら皿に取り出し、アルミホイルをかけてパサつきを防ぐ。
3. 2のフライパンを火にかけて煮汁が半量になるまで煮詰め、中火でバターを少しずつ加えながら泡立て器で白っぽくなるまで混ぜる。トマトを1cmくらいの角切りにして加えて、軽く煮る。味をみて塩こしょうでととのえ、パセリを加える。2の鯛を盛りつけ、ソースをかける。

SHIMA's note

デュグレレは白身魚をワインで蒸したフランスの代表的な魚料理で、発案したシェフの名前にちなんでいる。初めてフランスにわたったときにこの料理に出会い、そのおいしさに目を見張って、フレンチの料理人をめざすきっかけになった。デュグレレは、本来は魚の出し汁とトマトだけで作るが、家庭でもおいしく作れるようにアレンジした。魚とマッシュルームとトマトのうまみが凝縮している。

Poisson meunière

魚のムニエル

焦がしバターとレモンのソースで
ムニエルがぐっとおいしくなる

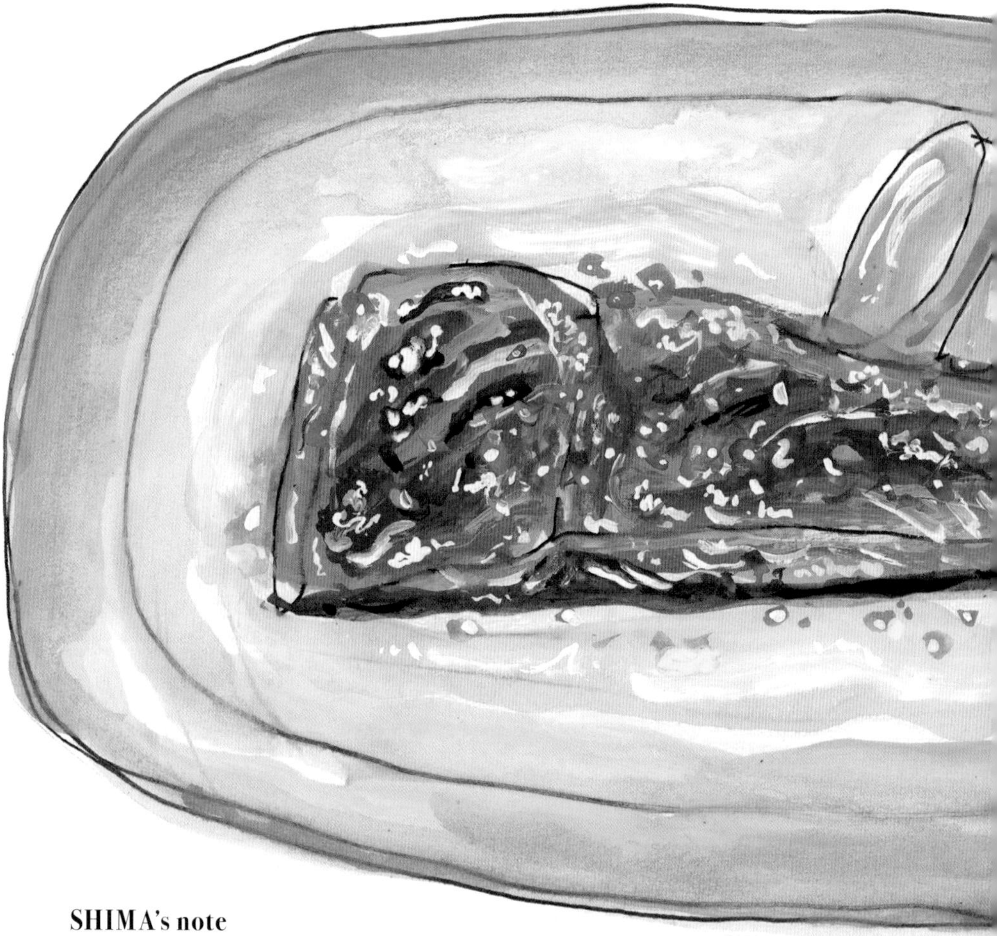

SHIMA's note

フランスのムニエルはたっぷりのバターで、切り身を泳がせるようにしながらゆっくり火を通す。このレシピでは、日本人の嗜好に合わせてバターはひかえめにした。そのかわり最後にバターを入れて、リッチだけれどヘルシーな仕上がりに。

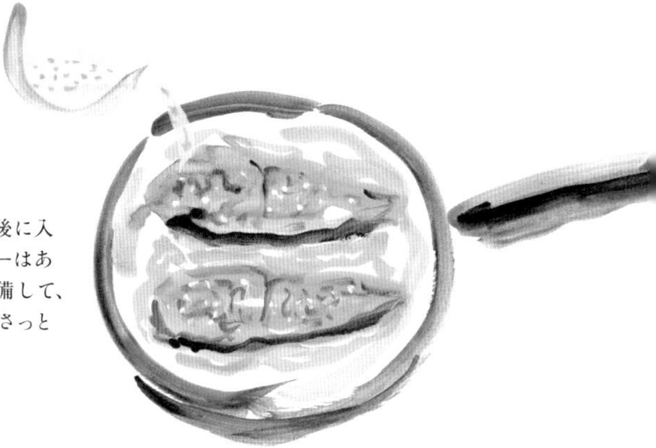

バターは焦げやすいので、最後に入れるレモン汁、パセリ、ケッパーはあらかじめ小さいボウルに準備して、火を止めてから一度に入れてささっと仕上げるといい。

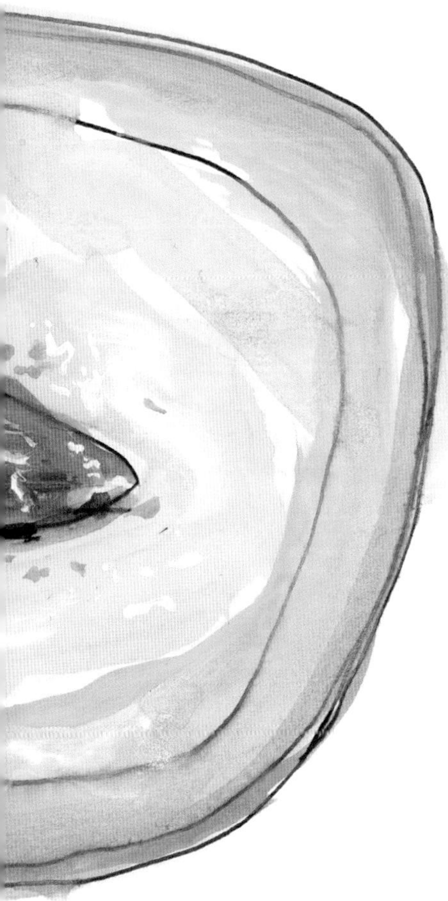

材料(2人分)

サーモン…2切れ
塩、こしょう…各適量
小麦粉…適量
油…大さじ1
じゃがいも(メークイン)…2個
バター…40g
レモン汁…大さじ1
パセリ(みじん切り)…大さじ1
あればケッパー…大さじ1

作り方

1 じゃがいもは皮つきのまま電子レンジに入れ、600Wで3分、上下を返してさらに3分加熱する。皮をむいて、縦半分に切って皿に盛りつける。

2 サーモンは塩こしょうをし、**小麦粉を薄く**つける。フライパンに油をひき、中火で両面を焼く。

3 **2**のフライパンに、バターを入れて溶かし、バターがはねる**音がしなくなって少し色づき始めたら火を止めて**、レモン汁、パセリ、ケッパー、一つまみの塩を加える。魚を皿に盛りつけ、ソースをかける。

SHIMA's note édition extra

「おいしい！」の秘密

調味料と切り方

塩は、種類ではなく使い方

フランス料理の味つけは、基本的に塩だけです。和食のように、みりん、醬油、砂糖、みそ……とバラエティがないので、料理が苦手な人でもフランス料理は作りやすいはず。

私は塩のブランドにはこだわりがありません。一つだけ示すなら、サラサラした塩がいいと思います。ふる量の加減がつかみやすいからです。

塩で大事なのは、どのブランドを使うかよりも、どう使うか。使い方でおいしさが違ってきます。でも、難しいことではありません。

一つは、肉や魚にはしっかりめに塩をすること。フレンチは塩だけで味をつけるので、和食の下ごしらえでふる塩よりもしっかりふります。そのかわり、添える野菜やソース、煮込むスープは塩をひかえめにして、メリハリをつけます。

また、魚や鶏肉は身の厚いところと薄いところがあるので、厚いところはちょっと多めに、薄いところは少なめにふります。

こしょうは、「黒」だと香りが立つ

私は黒こしょうをひいて使います。黒の方がパンチが強いからですが、白でもパウダー状でも、好みのこしょうを使えばいいと思います。

たいていは調理の仕上げにひき、また、盛りつけてからもカリカリッとひいて風味を際立たせます。

酢は果実酢と穀物酢

ドレッシングに欠かせないのが酸味です。タイプの違う酢を2～3種常備していると便利です。

わが家で常備している酢は、りんご酢と米酢の2種類で、これらは果実酢と穀物酢の違いです。りんご酢に代表される果実酢はすっきりした酸味で、米酢に代表される穀物酢はつんとした強い酸味が特徴です。

フレンチのドレッシングを作るときは、私はいつもりんご酢を使います。レモンより柔らかで、好んで使っています。穀物酢しかないなら、量を少し減らしたり砂糖を入れたりすると、酢の強みが取れてまろやかになります。

もちろん、生のレモン汁や季節の柑橘類を使っても、フレッシュでおいしいです。

材料の切り方でフレンチの雰囲気に

本書のレシピには、じゃがいもとにんじんがよく登場します。フランスでも非常によく使う食材で、種類も豊富。たいてい小ぶりで、そのせいでしょうか、じゃがいももにんじんもフレンチでは輪切りにします。小ぶりのものは太さの差がそれほどないからです。

私も、煮込みでもつけ合わせでも輪切りにすることが多く、フレンチらしいかわいらしさが出るのでこの切り方が気に入っています。

また、じゃがいもはいつもメークインを使います。もっちりして煮崩れしにくいので、フレンチにむいています。

Steack frite

ステックアッシェ

リーズナブルな赤身肉を粗びきしてステーキに
肉のおいしさを満喫

材料（2人分）

牛肉（赤身のステーキ用）
…2枚（200～300g）
塩、こしょう…各適量
油…大さじ1
玉ねぎ…1/2個
バター…10g
白ワイン…大さじ2
水…50ml
醤油…大さじ1/2
パセリ…適量
つけ合わせのフライドポテトなど

手で押さえながらととのえると、焼いたとき崩れない。

作り方

1 牛肉は**粗く刻む**。またはフードプロセッサーなどで粗いミンチにする。2つに分けて、**ぎゅっと押さえながら小判形にととのえ**、塩こしょうをする。

2 フライパンに油をひいて強火にし、**1**を入れて焼き色をつけるように2分焼き、返して2分焼く。取り出して、アルミホイルで包んで**休ませる**。

3 肉を休ませている間に、玉ねぎをスライスして、**2**のフライパンに入れてバターでじっくり炒める。しんなりしたら白ワインを加え、煮立ててアルコールを飛ばす。水を加えて、フライパンにこびりついた肉のうまみを木べらなどでこそげ落としながら、半量になるまで煮る。仕上げに醤油を加えて、味をみて塩こしょうでととのえる。

4 **3**に**2**の休ませた肉と、肉から出た肉汁を入れて、ひと煮立ちさせる。肉を皿に盛りつけて**3**のソースをかける。

5 好みでパセリをふる。つけ合わせの定番はフライドポテトだが、サラダでも好みの野菜をゆでたものでもいい。

SHIMA's note

肉をわざわざ刻んでステーキに？　と思うかもしれないけれど、ぜひ試してほしい。フランスのポピュラーな肉料理で、普通のステーキより肉を食べている気がすると言う人もいるくらい、肉のおいしさが味わえる。

Rôti de boeuf

ローストビーフ

コツさえわかればとても簡単
表面を焼きつけてオーブンに入れるだけ

SHIMA's note

フランス人にとってオーブン料理は楽をしたいときの料理だから、ローストビーフもしょっちゅう作っている。肉を室温にもどす、表面を強火で焼きつける、焼いたら休ませるの３つのコツで、文句なしのローストビーフになる。わが家はレアで食べるけれど、焼き加減は好み。残ったらパンにはさんで豪華なランチに。

材料（４人分）

牛かたまり肉（もも肉）…500g
塩、こしょう…各適量
油…大さじ１
ワイン（赤白どちらでも）…50ml
水…50ml
醤油…小さじ１
バター…15g
つけ合わせのサラダなど

作り方

1　**牛肉は室温にもどし、キッチンペーパーで軽く押さえて余分な水分を取る。**表面全体に**しっかりめに塩（肉の重量の0.8〜1%）とこしょう**をする。

2　フライパンに油を強火で熱し、牛肉の**全面に焼き色をしっかりつける。**200度に予熱したオーブンに５〜10分入れて、取り出したらアルミホイルに包んで**15分休ませる。**

3　**2**のフライパンを再び熱し、ワイン、水、醤油を加えて、フライパンにこびりついた肉のうまみを木べらなどでこそげ落とす。ひと煮立ちしたらバターを溶かし、味をみて塩こしょうでととのえる。肉を切って盛りつけ、ソースを添える。

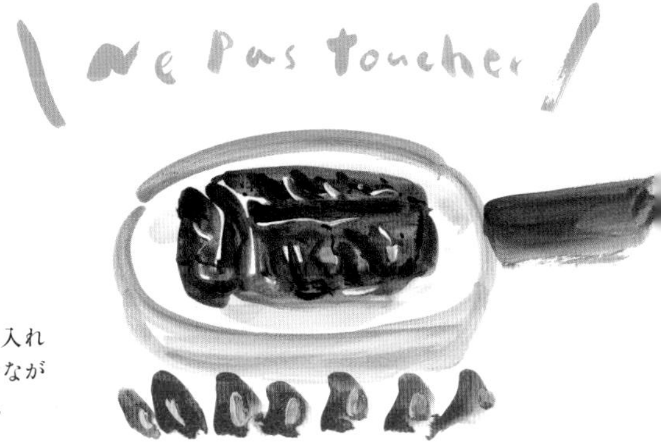

強火で熱したフライパンに肉を入れて、動かさずにジュッと焼きつけながら、表面全体に焼き色をつける。

Poulet à la crème

鶏肉のクリーム煮

白ワインの酸味がほどよくきいて
クリーミーだけどすっきりした味わい

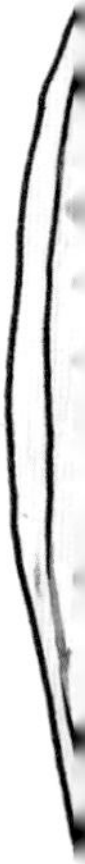

材料（2〜3人分）

鶏もも肉…1枚
鶏手羽元…4本
塩、こしょう…各適量
小麦粉…大さじ1
玉ねぎ…中1個
にんじん…細1本
白ワイン…50ml
コンソメキューブ…1個
生クリーム…50ml
油…大さじ1
あればタイム適量、
　ローリエ1枚
いんげん…4〜5本

作り方

1　鶏もも肉は一口大に切る。もも肉と手羽元にしっかり塩こしょうをし、小麦粉をつける。フライパンに油をひいて、中火で肉の表面に軽く焼き色をつける。

2　玉ねぎはくし切り、にんじんは2cm幅の輪切りにして、1に加え、野菜に油がまわったら白ワインを加える。

3　水（分量外）をひたひたまで入れ、強火にして沸いたらあくを取る。コンソメとタイム、ローリエを加えて、**ふたをして弱火で30分**煮込む。

4　にんじんが柔らかくなって、鶏肉が骨からほろっとはずれるくらいになったら、中火で煮詰める。**具が半分くらい顔を出して煮汁に少しとろみがついたら、生クリームを加えて**、味をみて塩こしょうでととのえる。へたを取って、ゆでたいんげんを添える。

ひたひたの水から煮始めて、最後は具が半分顔を出すまで煮詰める。

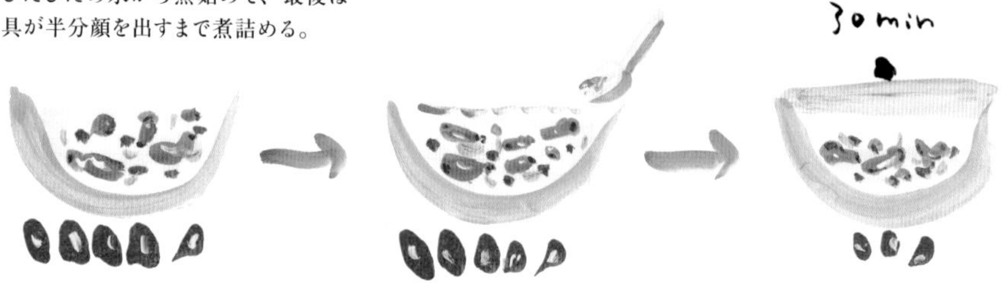

水をひたひたまで入れる　　沸いたらあくを取る　　弱火で30分煮込む

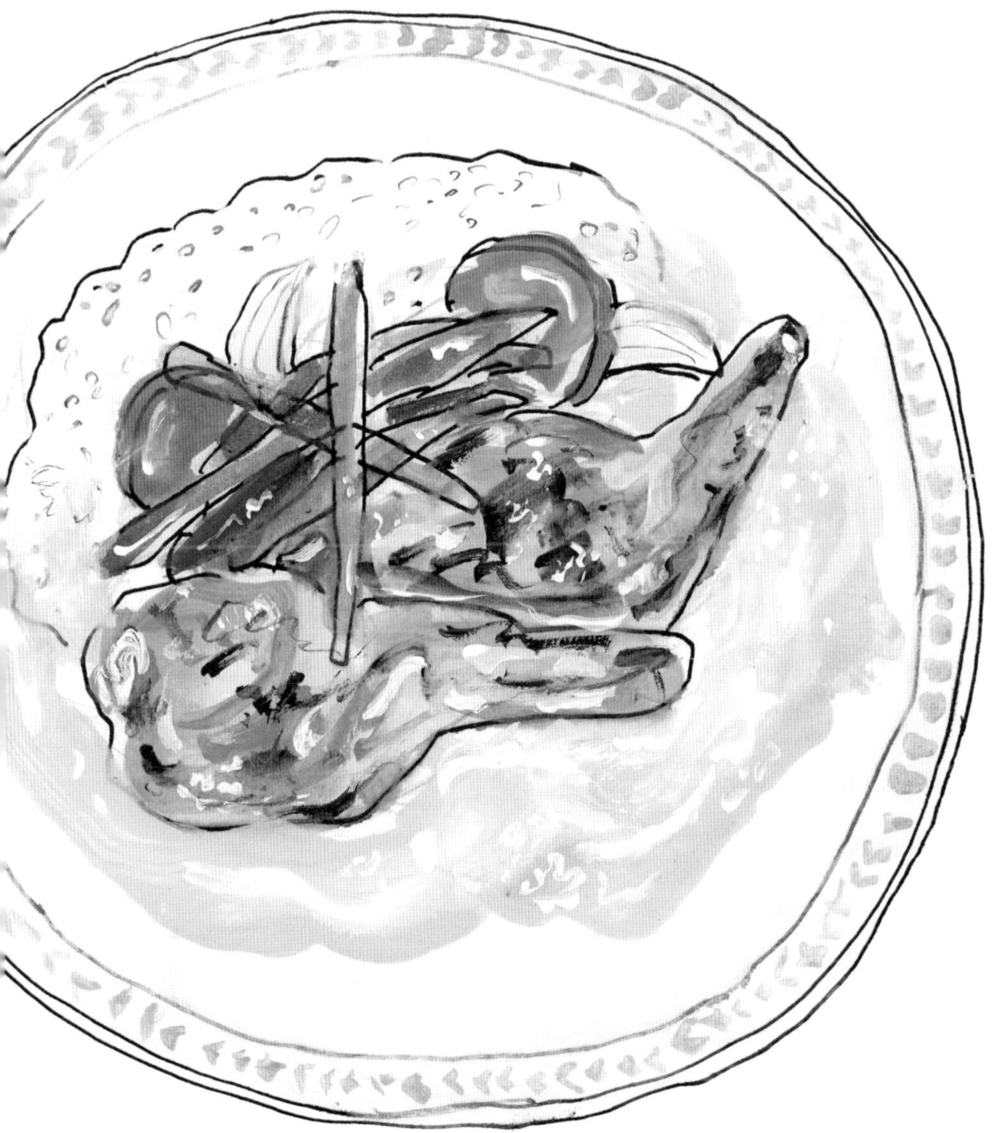

SHIMA's note

肉の煮込みは、骨つきを使って骨のうまみを出すのがフランス流。ごはんを添えるのもフランス流で、夫のロマンはいつもごはんといっしょにおいしそうに食べている。

このクリーム煮は、シチューのように具材をたっぷりのソースごと食べるのとは違って、柔らかく煮た肉や野菜にソースをからめて食べる感じ。ごちそう感があってもてなしにも使える。

Parmentier

パルマンティエ

じゃがいものピュレとミートソースのグラタン
味にメリハリがあるから、おいしい

SHIMA's note

フランスの友人はパルマンティエを「2日目の料理」と呼んでいて、昨日の残り物のポトフの具を軽くつぶして、じゃがいものピュレとチーズをのせて焼いている。夫が作るパルマンティエはお母さんの作り方で、野菜とひき肉を炒めたものにピュレをのせて焼いたコロッケみたいな味。こんなふうに、いろんなパルマンティエがある。

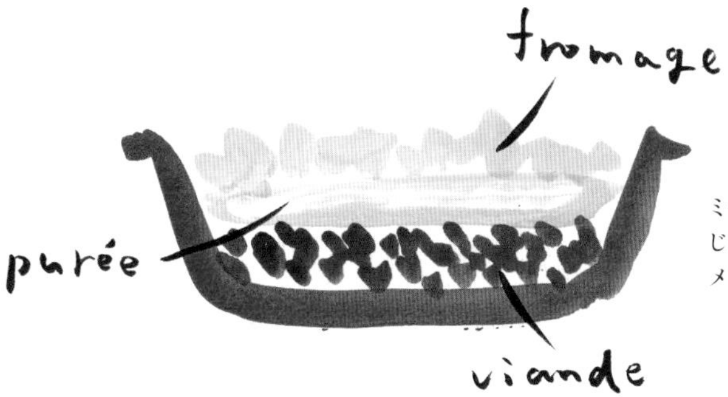

ミートソースにはしっかり塩をして、
じゃがいものピュレには塩をしない。
メリハリがついて、飽きない。

材料(4人分)

じゃがいものピュレ

じゃがいも(メークイン)
…6個(800〜900g)
バター…40g
牛乳…250〜350ml
(好みのかたさに仕上げる)

ミートソース

合いびき肉…400g
玉ねぎ…1個
にんにく…1かけ
塩、こしょう…各適量
油…適量
赤ワイン…100ml
トマト缶…1缶(400g)
コンソメキューブ…1個
あればタイム適量、
ローリエ1枚
ケチャップ…大さじ2

ピザ用チーズ…適量

作り方

1 じゃがいもは皮をむき、一口大に切って、たっぷりの水(分量外)で柔らかくなるまでゆで、ざるにあげて湯を切る。鍋にもどして、強火で**余分な水分を飛ばす**。強火のままバター、牛乳を加えて木べらでつぶす。牛乳でかたさを調節する。

2 1のじゃがいもをゆでている間に、ミートソースを作る。玉ねぎは粗みじん切り、にんにくはみじん切りにして、油をひいた鍋に入れて、塩を一つまみふり入れて炒める。しんなりしたらひき肉を入れて塩こしょうをして炒め、肉の色が変わったら赤ワインを加えて強火でアルコールを飛ばす。

3 2にトマト缶を汁ごと入れて、水100ml(分量外)を入れ、煮立ったらあくを取り、コンソメ、タイム、ローリエを加えて煮る。ときどきトマトをつぶしながらかき混ぜる。ぽってりするまで煮詰めて、ケチャップを入れ、味をみて塩こしょうでととのえる。

4 耐熱皿に3を敷き、1をのせる。ピザ用チーズをたっぷり散らして、230度に予熱したオーブンで約10分、焼き色がつくまで焼く。

Lasagnes

ラザニア

ミートソース、ホワイトソース、ラザニアの層が豪華
香ばしくて濃厚で、おもてなしにもピッタリ

材料（4～5人分）

ミートソース…パルマンティエを参照（77ページ）
ラザニア…9～12枚（耐熱皿の大きさによる。ラザニアがなければマカロニで代用）

ホワイトソース
バター…30g
小麦粉…30g
牛乳…400ml

ピザ用チーズ
…ふたつかみ（好みで）

作り方

1 ミートソースはパルマンティエ（77ページ）と同様に作る。
2 ホワイトソースを作る。鍋にバターを溶かし、小麦粉を加え、**ふつふつと沸いてきたら牛乳**を3回に分けて加え、**そのつどよく沸騰させて混ぜる**。
3 ラザニアを袋の表示通りにゆでる。
4 耐熱皿にミートソース、ホワイトソース、ラザニアの順で2～3回重ねる。マカロニを使うときは1～2回。最後にミートソース、ホワイトソースをかけ、チーズを散らして、230度のオーブンで10～15分、焼き色がつくまで焼く。

重ねる順番に迷ったら、最初（底）はミートソース、最後にホワイトソース、表面はチーズ、と覚える。底にホワイトソースを敷くと焦げるし、表面にラザニアをのせると固くなるから。

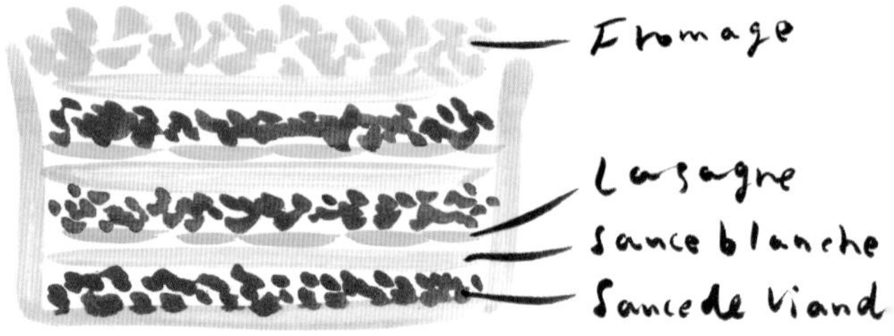

SHIMA's note

フランス人は、週末には友人や親きょうだいが集まって、食事とおしゃべりを楽しむ。そんなときにラザニアを作ると喜ばれる。ちょっと手がこんでいるから、私はいつも２食分作って、残りを冷凍しておく。
フランス料理は保存できるものが多くて、翌日や２〜３日たってからの方がおいしかったりする。ラザニアもそうで、フランスの家庭でも多めに作って、残りを後日食べるというスタイル。

Côtes de porc sauce

豚肉のソテー きのこカレークリームソース

蒸し焼きした肉がふっくら

SHIMA's note

豚肉や鶏肉をワインで蒸し焼きにすると、パサつかずしっとり仕上がり、ワインの酸味で生クリームのソースがきりっとする。短時間でできるのも、おすすめする理由。
クミンやチリパウダーなどスパイスでアレンジしてもいい。

curry

材料（2人分）

豚ロース（とんかつ用）…2枚
塩、こしょう…各適量
カレー粉…小さじ1/2（好みで）
玉ねぎ…1/2個
マッシュルーム…1パック
白ワイン…50ml
生クリーム…50ml
油…大さじ1
あればタイム適量、
ローリエ1枚

作り方

1 豚肉は**しっかりめに塩（肉の重量の0.8〜1%）とこしょう**をし、カレー粉を両面にふる。フライパンに油をひいて強火で両面に焼き色をつけ、肉を取り出す。

2 玉ねぎをみじん切りにして、1のフライパンで**弱火でじっくり**炒める。マッシュルームは0.5cmの厚さにスライスして、玉ねぎがしんなりしたら加え、強火にして白ワインを入れ、フライパンにこびりついた肉のうまみを木べらなどでこそげ落としながら沸かして、アルコールを飛ばす。

3 2に水100ml（分量外）、1の肉と肉から出た肉汁、タイム、ローリエを入れて、**ふたをして弱火で5分**煮る。

4 肉を皿に盛り、同じフライパンに生クリームを加えて軽く煮詰め、味をみて塩こしょうでととのえ、肉にかける。ごはんやショートパスタを添えてもいい。

肉にしっかり焼き色をつけると、うまみが閉じ込められる。フライパンにも肉の香ばしさがこびりつくので、ソースもおいしくなる。

Blanquettes de

ブランケットドポー

手作りのルーがおいしいホワイトシチュー
軽くてふわっとして、簡単なのに上質の仕上がり

材料（3～4人分）

豚かたまり肉（肩ロース）
…300～400g
塩、こしょう…各適量
玉ねぎ…1個
にんじん…1本
マッシュルーム…1パック
コンソメキューブ…1個
バター…30g
小麦粉…大さじ2
生クリーム
…50ml（または牛乳100ml）
あればタイム適量、ローリエ1枚

バターと小麦粉を指で混ぜる。最初サラサラなのが、しだいに練られて混ざってくる。よく混ざったら、煮汁でゆるめてから鍋に入れる。

作り方

1 豚肉は大きめの一口大に切り、**しっかりめに塩（肉の重量の0.8～1%）とこしょう**をする。鍋に入れ、**肉の5cm上くらいまでたっぷり水**（分量外）を入れる。中火にかけ、沸いたら**あくをしっかり取る**。

2 肉を煮ている間に、玉ねぎはくし切り、にんじんは2cmの厚さの輪切り、マッシュルームは半割りにする。これらの野菜を1の鍋に入れて、コンソメとタイム、ローリエを加える。水分が減っていたら、**ひたひたまで水**を足す。**強火で沸騰**させてから、**ふたをして弱火**で45分煮込む。

3 小さいボウルにバターと小麦粉を入れて、指でつまみながらよく混ぜ、2の煮汁をレードル1杯くらい加えて溶かし、鍋に入れる。

4 木べらなどで混ぜながらいったん沸かしてとろみをつけ、仕上げに生クリーム（または牛乳）を味をみながら加え、必要なら塩こしょうでととのえる。

SHIMA's note

手作りのルーといっても簡単で、小麦粉とバターを指で混ぜて鍋に溶かすだけ。弱火でじっくり煮込むと肉も野菜も柔らかくなって、ふんわりしたソースに包まれて口の中でとろけるよう。

Cordon bleu

コルドンブルー

鶏胸肉にハムとチーズをはさんで、パン粉で揚げ焼き
サクサクの衣に肉がふっくら、チーズがとろり

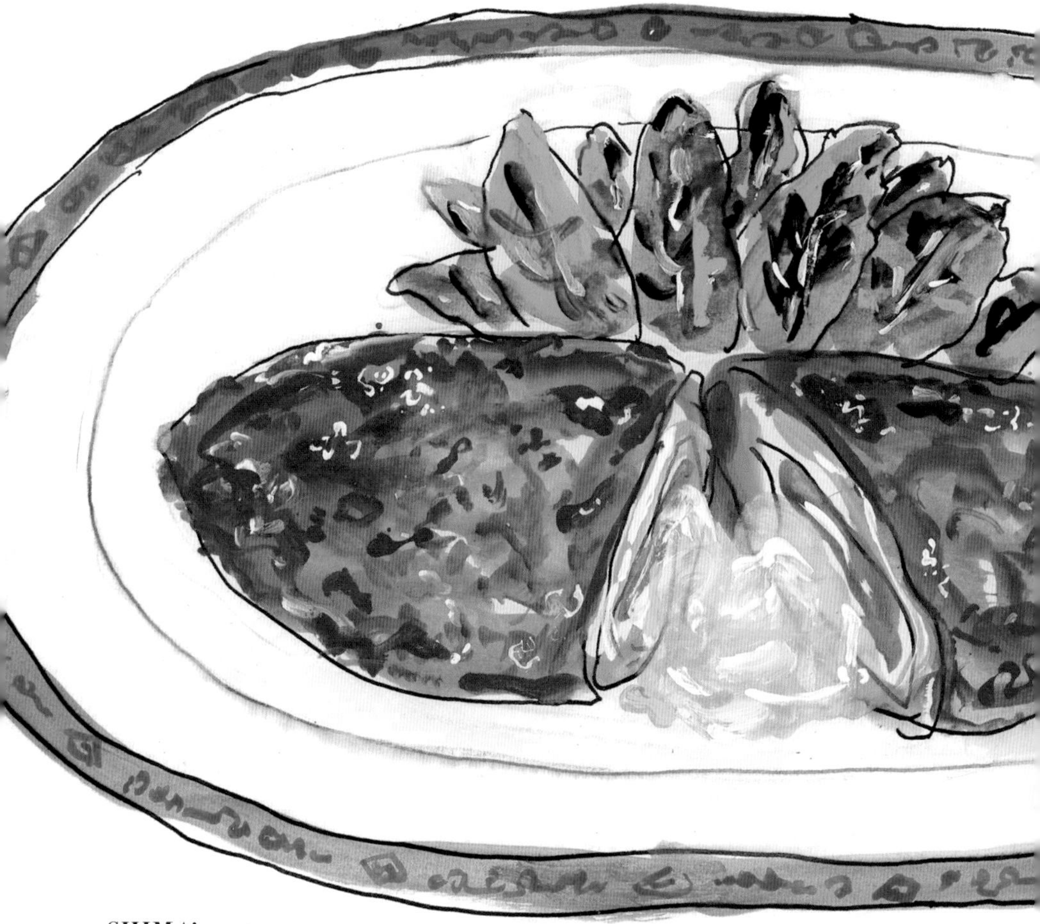

SHIMA's note

コルドンブルーは、フランス語で「青いリボン」という意味。むかしレストランで、何枚も下ごしらえして、青いリボンでくくって落ち着かせたことから来ているらしい。フランスの青い空の下でほおばるのを想像しながら揚げていると、楽しくなる。

材料（2〜4人分）

鶏胸肉…2枚
ハム…4枚
ピザ用チーズ…適量
塩、こしょう…各適量
小麦粉、溶き卵、パン粉…各適量
油…適量
つけ合わせのサラダなど

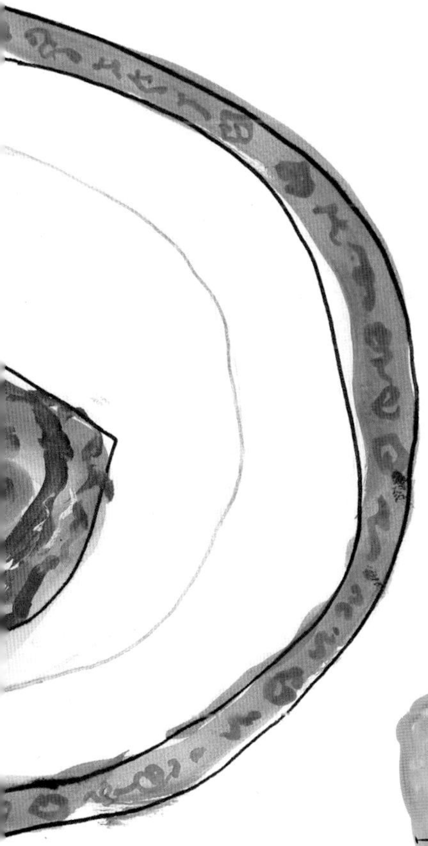

作り方

1 鶏肉は横に包丁を入れて開き、めん棒などでたたいて厚みを均一にする。ハムは半分に切る。鶏肉の片側にハムを並べ、チーズを**ふちにかからないように**均等に広げて、折りたたんでぐっと押さえる。皮目にしっかりめに塩をしてから、こしょうをする。

2 フライパンに油を深さ1cmほど入れて、中火で熱する。**1**に小麦粉、溶き卵、パン粉を順につける。肉の閉じた部分にパン粉が入ると、揚げているときに開くので、パン粉がふちにかからないようにする。パチパチ音がするくらいの弱火で、きつね色になるまでじっくり揚げ焼きする。厚いところにナイフを入れて、中まで火が通っているかを見る。サラダなどを添える。

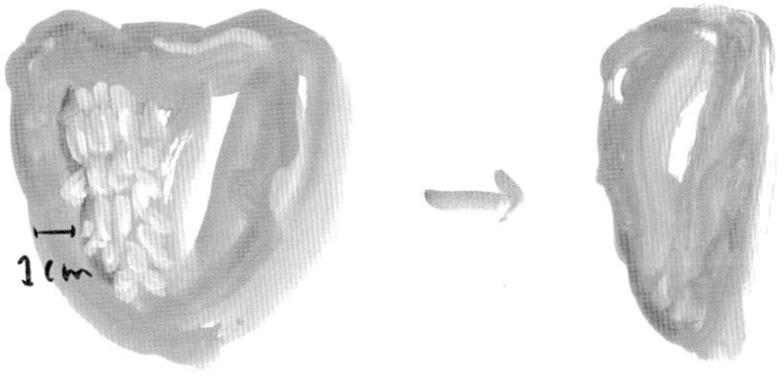

ふちを1cmくらいあけて具をのせて、
折りたたむ。

Pot-au-feu

ポトフ

肉と野菜をゴロンと切って、コンソメでコトコト
やさしい味で心も体もほっこり温まる

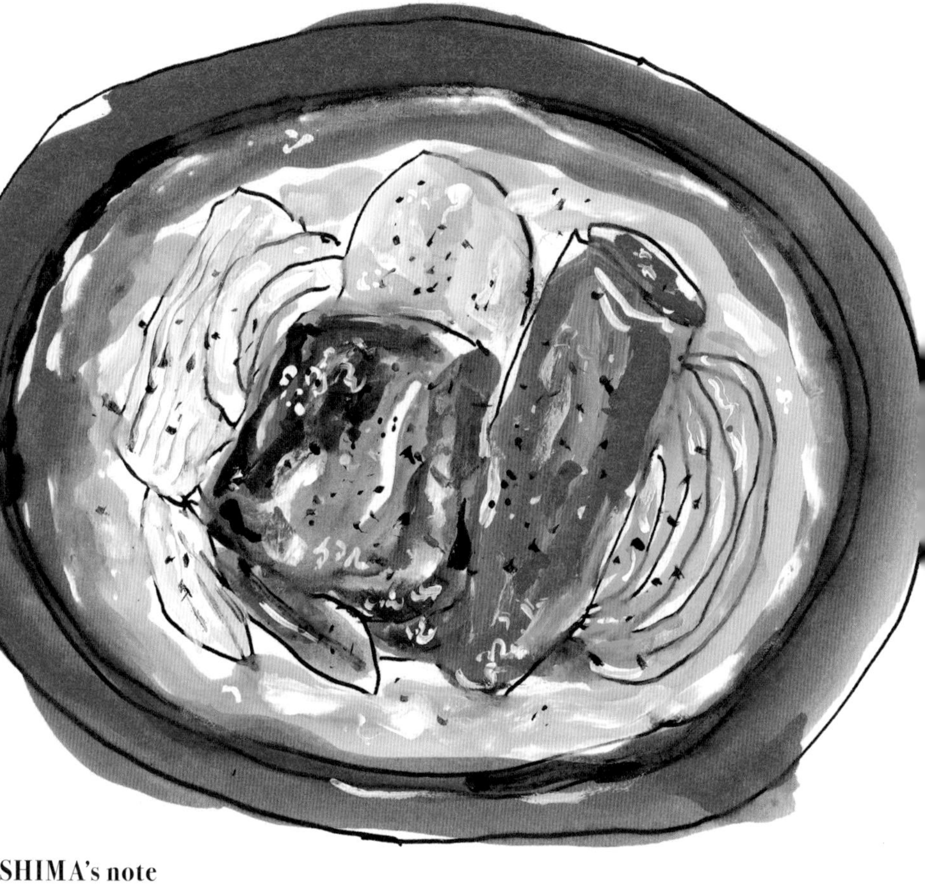

SHIMA's note

フランスではポトフは寒いときの定番料理。食卓に鍋ごとドンと置いて、脇にマスタードのポットがぽんと添えられる。まずスープを飲んで体を温め、肉と野菜をそれぞれが大きな皿に取り分けて、たらふく食べる。味がやさしいから、離乳期の赤ちゃんもお年寄りもいっしょに食べられる。

材料（2～3人分）

豚かたまり肉（肩ロースまたはバラ肉）
…300g
塩、こしょう…各適量
にんじん…1本
玉ねぎ…小2個
キャベツ…1/4個
ねぎ…1～2本
セロリ…1/2本
じゃがいも（メークイン）…1個
水…適量
コンソメキューブ…1～2個
あればタイム、ローリエ…各適量
ソーセージ2～3本
またはベーコンスライス1パック

作り方

1 豚肉の表面全体に**しっかりめに塩（肉の重量の0.8～1%）とこしょう**をして、よく**すり込む**。鍋に入れて、肉が**すっかりかぶるくらい水**を加え、強火にかける。

2 **1**が沸騰するまでの間に、野菜を大きめに切る。丸ごとでもいい。**1**が沸騰したらあくを取り、じゃがいも以外の野菜、コンソメ、ハーブを加え、ふたたび沸騰したら、**ふたをして弱火で**45分ほど煮込む。じゃがいもとソーセージを加えて、さらに10分ほど煮込む。味をみて、必要なら塩こしょうでととのえる。

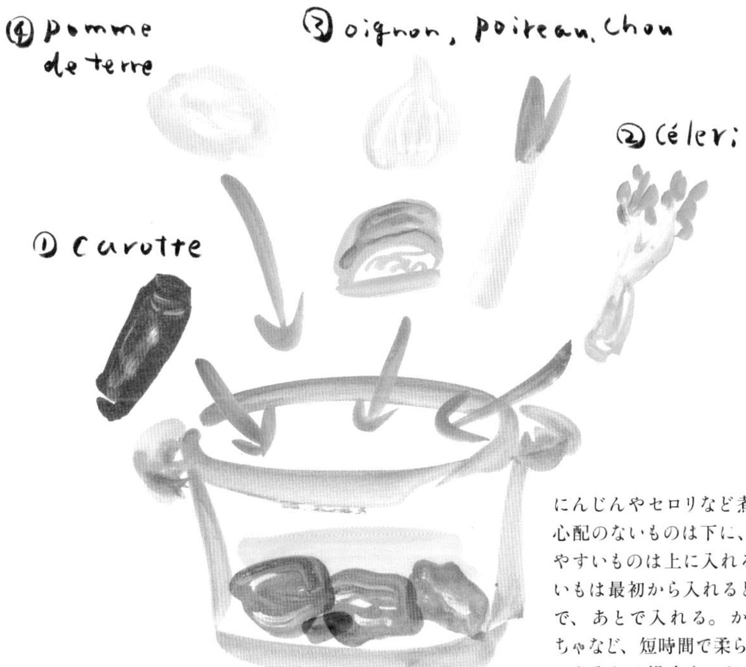

にんじんやセロリなど煮崩れする心配のないものは下に、煮崩れしやすいものは上に入れる。じゃがいもは最初から入れると崩れるので、あとで入れる。かぶやかぼちゃなど、短時間で柔らかくなるものを入れる場合も、じゃがいもと同じように時間をずらして。

Poulet à la poêle

チキンソテー

パリッと香ばしく焼けたら、それだけでごちそう
つけ合わせは好きなものを

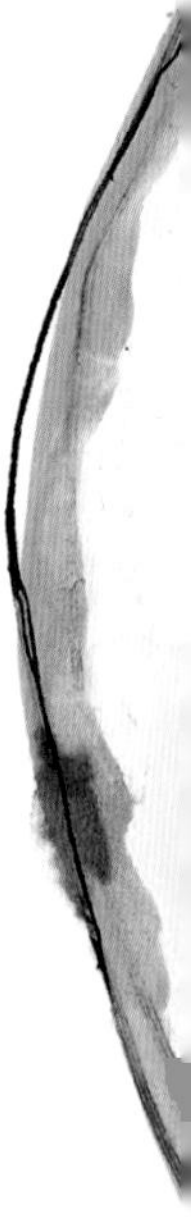

材料（2人分）

鶏もも肉…小2枚
塩、こしょう…各適量
油…大さじ1
つけ合わせのサラダなど

作り方

1 鶏もも肉は、**キッチンペーパーで軽く押さえて余分な水分を取り、しっかりめに塩（肉の重量の0.8〜1%）とこしょう**をする。

2 フライパンに油をひいて、鶏肉の皮目を下にして入れる。ボウルに水を入れ肉にのせて重しにし、**パチパチ音がするくらいの弱火でじっくり焼く**。**肉はさわらず**に、フライパンをときどき動かして**火の当たる位置を変え**、肉全体に均一に熱を入れる。

3 肉の周囲が白くなったら、裏返して、さっと焼く。中まで火が入ればよいので、身側は焼きすぎない。サラダなどを添える。

水を入れたボウルで重しをして、弱火で焼く。肉はさわらずに、フライパンをときどき動かして全体に火が当たるようにする。皮目側8割、身側2割を目安に火を入れる。

SHIMA's note

鶏肉も魚も、皮と身の間がおいしいから、皮をこんがり焼くのがポイント。肉を押さえながら皮目を焼き切るテクニックは、店で学んだこと。余分な脂が抜けてパリパリになって、「これだけでこんなにおいしくなるんだ」とおどろいた。

Pain a la viande

パン・ド・ヴィアンド

型に入れて焼くハンバーグ
肉汁が逃げないから、ふっくらジューシー

SHIMA's note

日本人がハンバーグ好きなように、フランス人もパン・ド・ヴィアンドが好き。焦げつきや生焼けの心配がないので、ハンバーグより簡単だと思う。中にゆで卵やゆで野菜、ミニトマトやオリーブを入れたりしてもいい。

材料（2〜3人分）

合いびき肉…500g
玉ねぎ…1個
牛乳…100ml
卵…1個
食パン（6枚切り）…1枚
（またはパン粉1/2カップ）
塩…小さじ1/2
こしょう…適量

ソース

ケチャップ…大さじ4
マヨネーズ…大さじ1（入れなくてもよいが、入れると風味が増す）
中濃ソース…大さじ2

作り方

1　玉ねぎはみじん切りにしてラップに包み、電子レンジ（600W）で2分加熱して、冷ましておく。
2　ボウルに牛乳、溶いた卵を入れて混ぜ、食パンをちぎって入れる。**食パンが牛乳と卵でふやけるように、手でしっかりと混ぜ合わせる**。
3　**2**に、ひき肉と**1**の玉ねぎを入れ、塩こしょうをして、**粘りが出るまでしっかりとこねる**。
4　耐熱容器に、空気が入らないように**3**を**押しながら詰めて**、表面を平らにする。ソースの材料を混ぜて、半量を表面に塗る。
5　200度に予熱したオーブンで、30〜40分焼く。串を刺して、透明な肉汁が出てきたらいったん取り出し、残りのソースを塗って、さらに10分焼く。

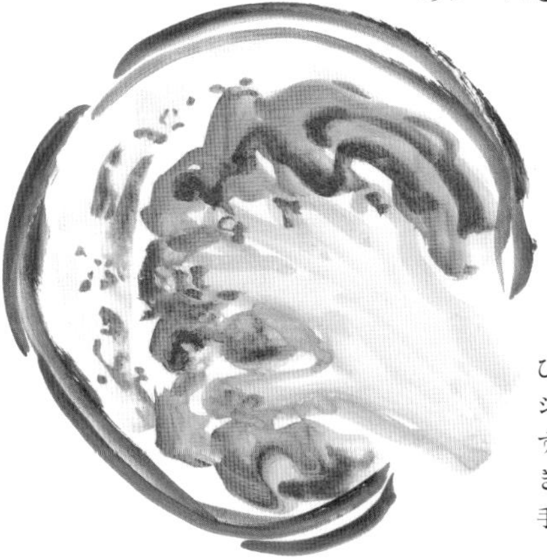

ひき肉をしっかりこねると、ジューシーに仕上がる。ただし時間をかけすぎると手の温度で脂が溶けて、焼き上がりが脂でいっぱいになるので、手早くこねる。

Rôti de Porc

ローストポーク

低温でじっくり焼いた豚肉はしっとり
マスタード代わりのにんにくがアクセント

材料（4人分）

豚かたまり肉（肩ロース）…500g
塩、こしょう…各適量
あればタイム適量、ローリエ1枚
じゃがいも（メークイン）…3個
玉ねぎ…1個
厚切りベーコン…50g（なければベーコンスライス4枚）
オリーブ油（またはバター）…大さじ3
にんにく…1個

焼け具合は串を刺して確かめる。肉の一番厚い部分に2秒くらい刺して、くちびるの下に当てる。温かければちょうどいいし、熱いと焼きすぎ。逆に冷たいと生の可能性が。

作り方

1 **豚肉は室温にもどし、キッチンペーパーで軽く押さえて余分な水分を取る**。表面全体に**しっかりめに塩（肉の重量の0.8〜1%）とこしょう**をする。天板にオーブンシートを敷いて、肉をのせ、タイムとローリエをのせる。

2 じゃがいもは2cm幅の輪切り、玉ねぎはくし切り、厚切りベーコンは1cmの棒状に切る。ベーコンスライスなら2cm幅に。**1**の肉のまわりに皮をつけたままのにんにく、野菜、ベーコンを散らす。オリーブ油を肉と野菜全体にかける。

3 **120度に予熱したオーブン**で1時間〜1時間30分焼く。中まで火が通ったら、アルミホイルで包んで**15分ほど休ませる**。

4 肉を2cmの厚さに切り分けて盛りつけ、野菜を添える。にんにくはほくほく柔らかくなっているので、つぶして肉につけて食べる。

SHIMA's note

フランスは肉の食文化なので、肉はほとんどがかたまりで売られていて、家で好きに調理する。大きいまま火を入れる方が簡単だし、しっとり仕上がるし、ごちそう感も出る。日本のお店にはかたまり肉が並んでいないことが多いけれど、頼めば用意してくれるところもけっこうある。お店の人と顔なじみになっておくのも、楽しいもの。

Poulet à la moutarde

鶏肉のマスタード焼き

ソースをからめてしばらく置いたら、あとは焼くだけ
マスタードの風味が食欲をくすぐる

SHIMA's note

鶏肉をマリネしておけば、あとは焼くだけ。簡単で食べごたえがあって見栄えがしておいしいから、作るのも食べるのも大好き。

材料（2～3人分）

鶏もも肉…2枚（約600g）
塩、こしょう…各適量

ソース

にんにく（すりおろし）
…大1かけ分
マスタード…大さじ4
パセリ（みじん切り）…大さじ1
油…大さじ1

作り方

1 鶏もも肉は6～8等分に**大きめに切って**、塩こしょうをする。ソースに入れるマスタードに塩分があるので、**塩はひかえめに**。ソースの材料をボウルに合わせ、鶏肉を入れて**よくもみ込み、30分以上置いておく**。

2 天板にオーブンシートを敷いて、鶏肉に**ソースをからめて並べる**。**油（分量外）をまわしかけ**、200度に予熱したオーブンで20～25分焼く。

---

mémo

天板にスペースがあれば、にんじんやじゃがいも、パプリカ、ズッキーニなど好きな野菜を並べていっしょに焼いてもいい。このとき野菜にも油をまわしかける。

ソースをたっぷりからめて焼くと、おいしい。

Tomates farcies

トマトファルシ

酸味があってみずみずしい
大きな赤いトマトが手に入ったらぜひ

SHIMA's note

夏のマルシェは真っ赤なトマトが山積みで、どの家庭の食卓もトマト料理でにぎわう。そんなとき必ず登場するのがトマトファルシ。ランチに作って、太陽が降り注ぐ庭の木陰で食べるファルシは、特別においしい。

材料（4人分）

トマト…大4個
合いびき肉…400g
玉ねぎ…1/2個
卵…1個
パン粉…大さじ2
塩、こしょう…各適量
あればローズマリー、タイムなど…各適量
オリーブ油…適量

トマトをくりぬいて、
中身はソースに。

作り方

1. トマトは、へたの部分を1cmくらい切り落とし、ふたに使う。中身はスプーンでくりぬく。内側に塩少々（分量外）をして逆さにして、**水気をしっかり切る**。
2. その間に詰め物を作る。玉ねぎはみじん切りにし、ラップで包んで電子レンジにかける。600Wで1分30秒が目安。粗熱が取れるまで冷ましておく。
3. ボウルに、ひき肉、**2**、溶いた卵、パン粉、塩、こしょうを入れて**手早くこね**、4等分にする。
4. **1**のトマトに**3**を詰めて、トマトのへたをのせる。オリーブ油をまわしかけ、タイムとローズマリーをのせ、200度に予熱したオーブンで30〜40分焼く。
5. 焼いている間に、くりぬいたトマトの中身と塩一つまみ、オリーブ油大さじ1をフライパンに入れて弱火にかけ、つぶしながら**ぽってりするまで弱火で煮詰める**。**4**が焼き上がったら上にかける。添えてもいい。

---

mémo

ひき肉は粘りが出るまでこねるけれど、時間をかけすぎると手の温度で脂が溶けて、焼き上がりが脂でいっぱいになる。手早くこねるのがポイント。

Poulet rôti

ローストチキン

オーブンに任せるだけ
骨のうまみがまわって
鶏をまるごと堪能

SHIMA's note

ローストチキンはフランスの日曜日の定番で、週末に家族が集まると、たいていこの料理が登場する。まわりに玉ねぎやにんじん、じゃがいもを散らしていっしょに焼くと、鶏肉の脂が野菜にしみてとてもおいしい。切り分けるのはたいていお父さんで、好きな部位がそれぞれ違って、だけどいっしょにわいわい食べる。

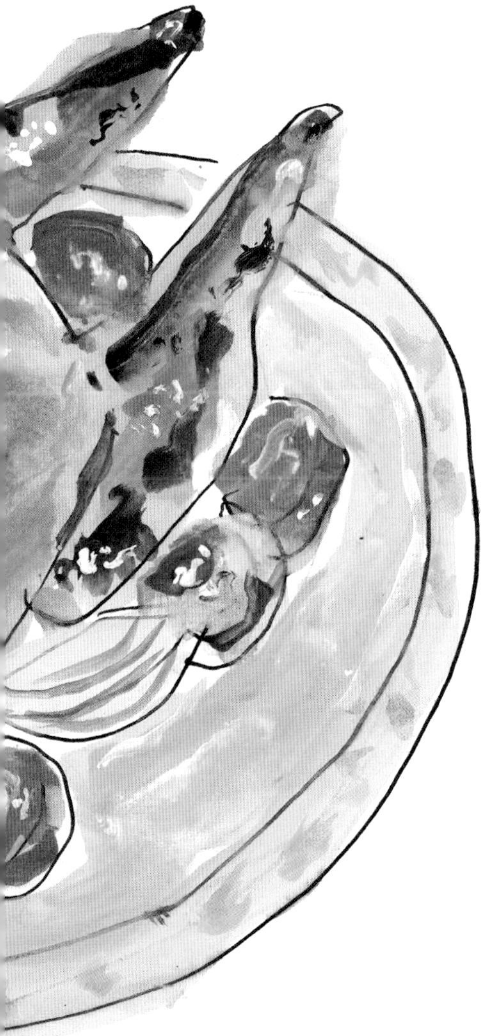

材料（3～4人分）

丸鶏…1羽
塩、こしょう…各適量
あればタイム、ローリエ…各適量
にんにく（半割り）…2～3かけ
油…大さじ2

作り方

1 **鶏肉は室温にもどし、キッチンペーパーで軽く押さえて余分な水分を取り除く**。表面全体と腹の中に**しっかりめに塩（肉の重量の0.8～1%）とこしょう**をする。ハーブとにんにくを腹の中に入れる。

2 天板にオーブンシートを敷いて、1を背を上にして置き、全体に油をまわしかける。

3 200度に予熱したオーブンで45分～1時間を目安に焼く。オーブンに入れて**30分ほどしたらいったん出して、焼きむらがあるか見て、向きを変えたり寝かせたりしてさらに焼く**。全体にこんがりきれいな焼き色がついて、腹から出る肉汁が透明になっていたら焼き上がっている。

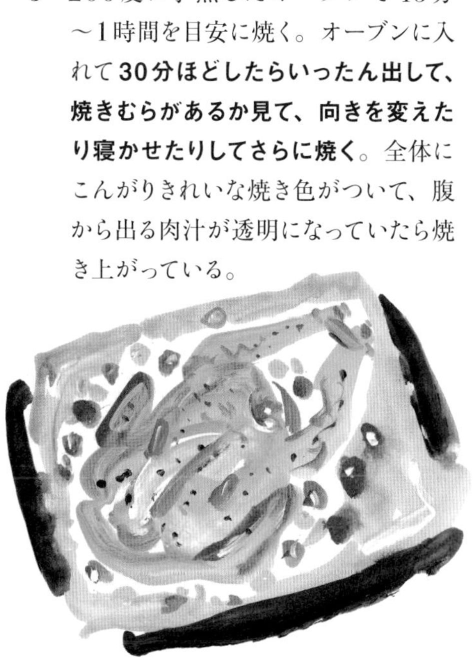

つまようじで足の皮を縫うようにして両足を固定して、両手羽を背の方に反らせて広げておくと、むらなくきれいに焼ける。パリパリに焼けた皮目の香ばしさがおいしいので、こんがり焼けていなければオーブンの温度を220度に上げて焼き色をつける。

Boeuf bourgignon

牛肉の赤ワイン煮

ことこと煮込んで肉がほろほろ
ワインのコクが口いっぱいに広がる

SHIMA's note

ワイン煮はフランスの家庭ではよく作り、子どもも食べる。コンロに1時間も2時間もかけてことこと煮込み、煮込んでいる最中は料理に使って残ったワインを飲みながらおしゃべりしたり、子どもと遊んだり。煮込み上がれば鍋を囲んで、ほろほろに崩れた肉に舌鼓を打つ。こんなふうに時間を使いたいと思う。

材料(3〜4人分)

牛かたまり肉(もも肉やすね肉など煮込み用)…500〜600g
塩、こしょう…各適量
小麦粉…大さじ2
玉ねぎ…中1個
にんじん…細1本
マッシュルーム(他のきのこでもいい)…1パック
赤ワイン…500ml
コンソメキューブ…1個
あればタイム適量、ローリエ1枚
はちみつ…大さじ1/2〜1
油…大さじ1

作り方

1 牛肉は5cm角くらいに**大きめに切る。しっかりめに塩(肉の重量の0.8〜1%)とこしょう**をし、小麦粉をつける。鍋に油をひき、中火で肉の表面に軽く焼き色をつける。

2 玉ねぎはくし切り、にんじんは2cm幅の輪切り、マッシュルームは半割りにして1に加え、野菜に油がまわったら赤ワインを加える。

3 水(分量外)をひたひたまで入れ、強火にかけて、沸いたらあくを取る。コンソメとタイム、ローリエを加えて、**ふたをして弱火で**30〜45分、**肉がすっかり柔らかくなるまで**煮込む。時間に余裕があれば、1時間以上煮てもいい。

4 ふたを取って、中火にしてポコポコさせながら、**煮汁が半分くらいになってとろみが出るまで**煮詰める。はちみつを入れて、5分煮て味をみて塩こしょうでととのえる。

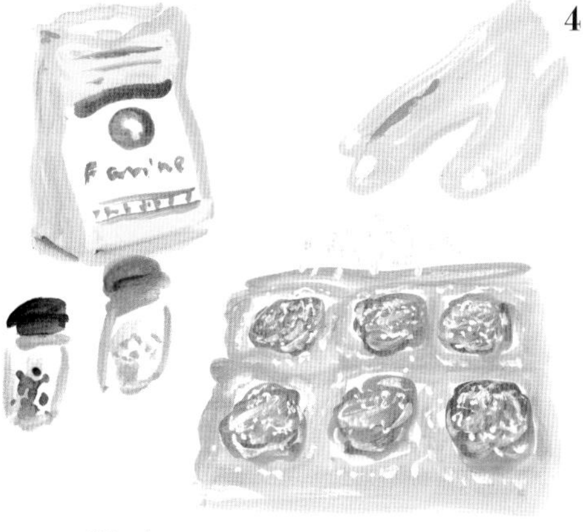

肉に小麦粉をはたいておくと、ソースにとろみがつく。

Poulet confit

鶏肉のコンフィ

コンフィはオイルで煮る料理
揚げるより簡単で、うまみが詰まってしっとり

SHIMA's note

コンフィの魅力は、素材の余分な水分が抜けて味が凝縮されること。油で煮るという調理法を知っておくと、食卓が多彩になる。骨つき鶏はねっちりしたゼラチン質が味わえて、パリッと焼けた皮とのコントラストがおいしい。

材料（2人分）

鶏手羽元…6～8本
塩…肉の重量の1%（肉300g なら3g〈小さじ約2/3〉）
こしょう…適量
にんにく…1～2かけ
あればタイム、ローリエ …各適量
油…適量

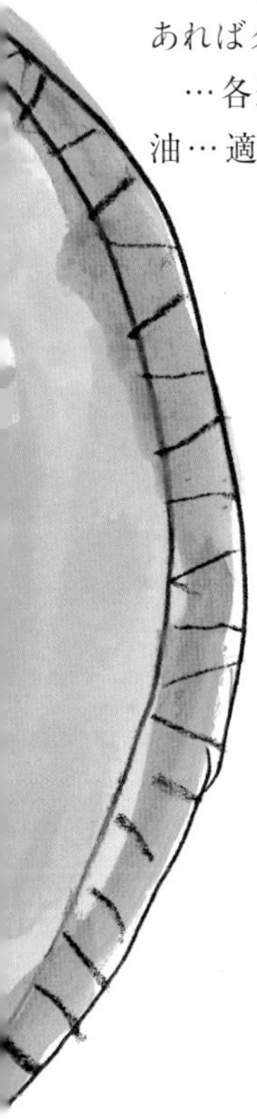

作り方

1 手羽元に塩こしょうをし、にんにくのスライスとタイム、ローリエを加えて一晩**マリネする**。時間がなければ、よくもみこんで15分程度置く。
2 1の肉を鍋に入れ、ひたひたまで油を注いで中火にかける。沸いたあとは、ポコポコ沸かさないように**弱火で45分煮る**。
3 肉をフライパンに移して中火で焼きつけ、こんがり香ばしく色をつける。

---

mémo

弱火で煮ることで、中まで味がしみこんで柔らかく仕上がる。途中で肉が顔を出したら、油を足したり向きを変えたりして、なるべく肉が油にひたっている状態で煮る。

密封袋に材料を入れて、
余裕があれば一晩マリネ。

SHIMA's note édition extra

「おいしい！」の秘密

調理道具

鍋

煮込み鍋といえば、どっしりした重さのものを思い浮かべます。確かに重い鍋はゆっくりむらなく火が入るのでおいしく煮込めますが、重い煮込み鍋を持っているご家庭の多くが、日常的には使っていないようです。重いので洗うのも大変だからでしょう。

道具は、使いやすいことが一番大切です。大きさや重さなど、自分の使い勝手を考えて選んでください。

フランスの家庭では、鍋やフライパンをそのままテーブルに出して、取り分けながら食事を楽しみます。私もそんな食べ方が好きなので、色やフォルムなど食卓で素敵に見える鍋を選ぶことが多いです。

スライサー

細切りと薄切りができるスライサーを持っていると便利です。キャロットラペを作るときの必需品ですし、フレンチのサラダには欠かせません。

サラダ菜をちぎったら、冷蔵庫に残っているにんじんや玉ねぎやきゅうりなどの端っこをスライサーでシャシャッとスライスして混ぜるだけで、雰囲気のあるサラダになります。

ブレンダー／フードプロセッサー

ブレンダーを使うとスープが簡単に作れるので、スープ作りが楽しくなります。手持ちタイプのハンドブレンダーなら、調理中の鍋に入れて攪拌《かくはん》できます。

肉や野菜を粗く刻むときは、私はフードカッターを使っています。包丁を使うより手間が大幅に減るので助かります。

オーブン

オーブンはフランスの家庭に欠かせないものです。材料を入れて温度と時間をセットすれば、あとはほったらかしにできるので、フランス人はオーブン料理ほど簡単なものはないと思っています。

日本の電子レンジにもオーブン機能がついているものが多く、使わないのはもったいない。

使いづらいと思う理由は、レシピごとに「何度で何分」と指示してあって難しく感じるのと、レシピ通りに設定しても思ったように焼き上がらないという経験から来ているようです。

オーブンは同じ機種でも使用年数によって調子が違い、一つひとつに「くせ」があります。だから、レシピ通りにならないのは当たり前で、逆にいえば、温度も時間もあまり厳密に考える必要はないということ。

私の使い方は簡単で、200度を基本にしています。

私は初めてのお宅に出向いてオーブンを使うことが多いので、そこのオーブンのくせを知らないまま焼くことになります。そこで、いつもまず200度にセットします。途中でのぞいて、焼き足りないと思ったら10度上げ、焼きすぎになりそうなら10度下げます。また途中で向きを変えたり、表面が焦げてきたのに中がまだ生焼けのときは、温度を一気に160度や170度まで下げたりします。焦げそうな部分はアルミホイルをかぶせることもあります。

このように、温度設定は200度をベースにしますが、例外が2つあります。ぐっと低温で時間をかけてじっくり焼く場合と、高温でさっと焼き色をつける場合です。

前者の例は、ローストポーク（92ページ）です。豚肉は淡白で肉質がかたく締まりやすいので、かたまりのときは、120度で1時間以上かけて焼きます。するとふっくら柔らかく焼けます。

後者の代表は、グラタン（56ページ）です。中の具はすでに火が通っていて、表面に焼き色をつけるとき、230〜250度の高温でさっと焼きます。

この本でも、オーブンの温度は基本的に200度にしています。最初はレシピ通りにいかないかもしれませんが、ご自分のオーブンのくせがつかめれば適切な温度もわかってくるはず。使い慣らせば、頼もしい相棒になります。

Créme caramel

プリン

混ぜ物なしで、卵のおいしさがダイレクトに味わえる
蒸し器もオーブンも使わずにできる

SHIMA's note

卵と牛乳と砂糖だけの、こんなシンプルなデザートが、フランス人は大好き。
大きい器で作って取り分けても楽しい。

材料（3〜4人分）

プリンの生地
卵…3個
牛乳…400ml
砂糖…40g
あればバニラエッセンスまたは
　バニラオイル…2〜3滴

カラメルソース
砂糖…大さじ3
水…小さじ2＋小さじ1

作り方

1　カラメルソースを作る。小鍋に砂糖を入れ、水小さじ2を**砂糖全体がぬれるようにかけて**、中火で熱する。ブクブク泡立って色づくにつれて泡が大きくなる。**色づくまで、混ぜたり鍋を動かしたりせず、**こげ茶色になったらすぐに火を止めて、**余熱で火が通らないよう**水小さじ1を加えて、へらやスプーンで混ぜる。器に流す。

2　プリンの生地を準備する。鍋に牛乳と砂糖を入れて火にかけ、砂糖がすっかり溶けたら火を止める。

3　卵をボウルに割り入れてよくほぐし、2を熱いうちに加えてよく混ぜ、バニラエッセンスを加える。ざるでこし、1の器に入れる。

4　フライパンか鍋に**キッチンペーパーを敷いて**、器を並べる。水（分量外）を器の高さの半分くらいまで入れて、ふたをする。水滴が落ちないように、ふたをタオルでくるむ。

5　湯がフツフツゆれる程度の火加減で蒸す。蒸し時間は器の大きさや数で違うが、10〜20分くらい。器をそっと動かして、生地の中心がゆれなければ蒸し上がっている。

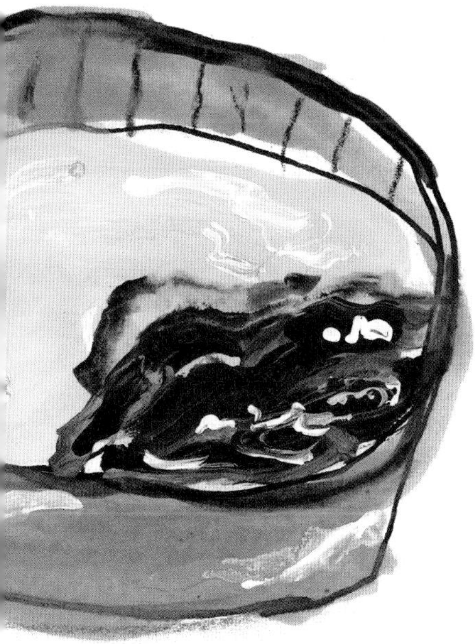

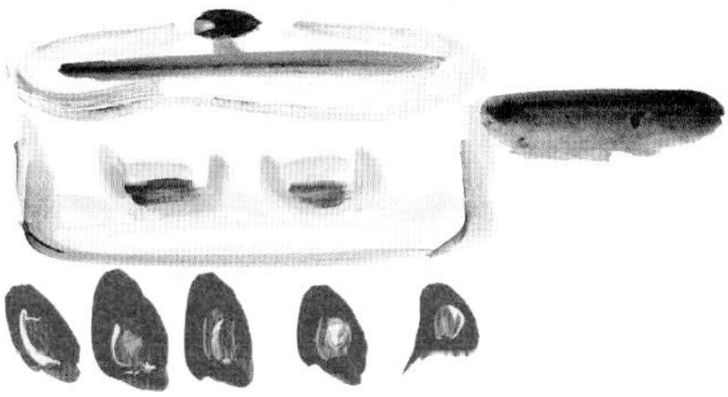

キッチンペーパーやふきんを鍋底に敷くと、器が鍋底の熱に直接当たらないので、柔らかく火が入る。

Mousse au chocolat

チョコレートムース

板チョコでリッチな味わい
思い立ったらすぐに作れる

SHIMA's note

夫のフランスの実家に帰ったとき、招いた友人が「チョコある？　ぼく作るよ」とチョコレートムースを作ってくれた。それほど手軽に作れるデザート。生クリームを入れたりバターを入れたりと、それぞれに好みのオリジナルレシピがある。

材料（4人分）

板チョコ（ブラック）
…2枚（100g）
卵…3個
砂糖…大さじ1（好みで加減する）

作り方

1 鍋に湯を沸かす。板チョコを適当な大きさに割ってボウルに入れ、**湯せんにかける**（ボウルの底が鍋の熱湯に当たるようにする）。弱火にして、へらでときどきチョコレートを混ぜながら、なめらかになるまで溶かす。

2 卵を卵白と卵黄に分ける。卵白は泡立て器で混ぜ、ふんわりしたら砂糖を加えて、**角が立つまで泡立てる**。

3 **1**のボウルを湯せんからおろし、卵黄を加えてよく混ぜる。

4 **3**に、**2**の卵白の1/3量を入れて泡立て器でしっかり混ぜてから、へらで底からすくい上げるように混ぜる。残りを2回に分けて入れ、泡をつぶさないように大きくすくうように混ぜる。

5 器に入れて冷やす。

卵白に砂糖を加えたら、
角が立つまで泡立てる。

Fondant au chocolat

フォンダンショコラ

チョコレートの豊かな香りが贅沢
レシピは簡単

SHIMA's note

こんな濃厚なデザートが自分で作れるの？　と思われそうだけど、ムースの生地（109ページ）にバターと小麦粉が加わって、オーブンでさっと焼いただけ。オーブンから出すと、表面がちょっと割れて中がトロトロで、とてつもなくおいしそう。できたての、中身が流れ出る状態でも、少し冷まして落ち着かせたものでも、どちらもおいしい。

材料（4人分）

板チョコ（ブラック）
　…3枚（150g）
バター…125g
砂糖…100g
卵…3個
小麦粉…50g

作り方

1　板チョコとバターをボウルに入れて、**湯せんで溶かす**。

2　**1**を湯せんからおろして、砂糖、卵を加えてよく混ぜ、最後に小麦粉を加えて**粉が均一に混ざるまでさっくり混ぜる**。ダマになるようなら泡立て器で混ぜてもいい。

3　耐熱容器に入れて、200度に予熱したオーブンで20分焼く。

バターと、適当な大きさに割った板チョコをボウルに入れて、湯が沸いている鍋に重ねる。鍋を弱火にかけたまま、へらで混ぜながら、なめらかになるまで溶かす。

フルーツタルト

手作りのタルトのおいしさは格別
季節のフルーツで楽しんで

SHIMA's note

タルト生地はパイ生地よりずっと手軽で、うまくいかないところがあっても仕上がりにたいして影響しない。タルト作りに手が出なかった友人にこのレシピを教えたら、「思ったより簡単でおいしくて、しかも楽しい！」と、それ以来何度も作っているみたい。

材料（直径18〜20cmの型1台分）

タルト生地

小麦粉…250g

砂糖…125g

バター…125g（冷たい状態で使う）

卵…1個

アーモンド生地

バター…70g（室温で柔らかくしておく）

砂糖…70g

卵…1個

あればラム酒（小さじ1）やバニラオイルまたはバニラエッセンス（2〜3滴）

アーモンドプードル…70g

小麦粉…10g

好みのフルーツ缶（ダークチェリー、もも、洋なしなど）

りんごやいちじくなど季節のフレッシュな果物や、冷凍のブルーベリーでもいい。生の果物を使うときは、並べてから砂糖をふりかけて焼く。

作り方

1 タルト生地を作る。ボウルに小麦粉と砂糖を入れて、**冷たいバターを指先大にちぎりながら**加える。このとき、指に小麦粉（分量内）をつけてちぎるといい。両手でさっとすり合わせるようにして粉とバターを混ぜ、**全体をむらなくサラサラにする**。卵を溶きほぐして加え、さっくり混ぜる。表面が多少粉っぽくてもよいので、ひとかたまりにしてラップで包み、**冷蔵庫で30分休ませる**。粉気がなくなり生地が落ち着く。

2 アーモンド生地を作る。ボウルに柔らかくもどしたバターを入れ、砂糖、卵を加えて泡立て器でよく混ぜ、あればラム酒やバニラなど好みのエッセンスを加える。アーモンドプードルと小麦粉を加えむらなく混ぜ、ラップで包んで**冷蔵庫で30分休ませる**。

3 **1**を5mmくらいの厚さに伸ばして、型に敷く。型に生地を埋めるように押しながら敷くといい。その上に**2**を広げる。フルーツは必要であればカットし、**汁気を切って**並べる。200度に予熱したオーブンで1時間焼く。

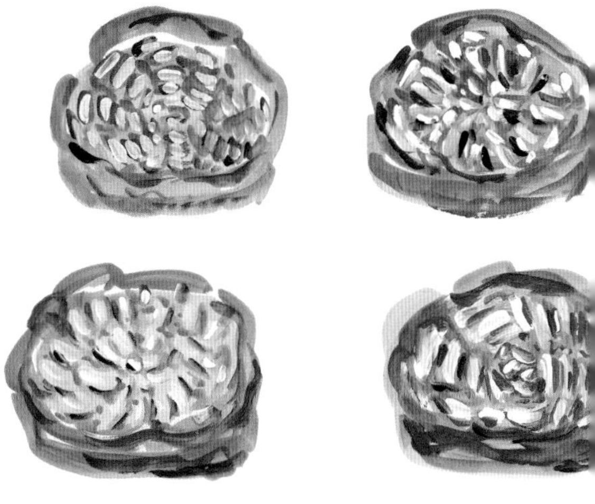

Gateau aux pommes

りんごのケーキ

材料を次々と混ぜて焼くだけ
素朴でなつかしい味

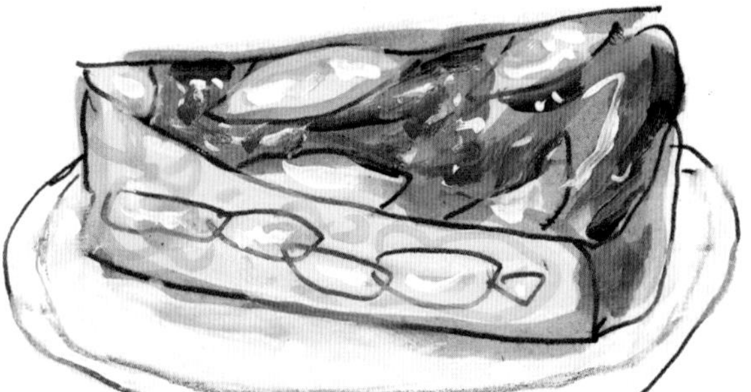

SHIMA's note

このレシピのベースは、フランスのキャトルカールというパウンドケーキ。バター、砂糖、卵、小麦粉の4つの材料を同量で焼くので、一度作れば次からはレシピなしで作れて、フランスの家庭でもおなじみ。砂糖とバターがたっぷりで、甘くて濃厚でフランス人のお気に入り。量は好みで調節して大丈夫。

材料（直径15～18cmの型1台分）

りんご…1個
バター…60g（室温で柔らかくしておく）
砂糖…40～60g（分量は好みで）
卵…1個
小麦粉…60g
ベーキングパウダー…小さじ1/2

作り方

1 ボウルに柔らかくしたバターと砂糖を入れて、泡立て器で**白っぽくなるまで混ぜる**。

2 卵を溶きほぐし、1に少しずつ加えてよく混ぜる。小麦粉とベーキングパウダーを**ふるいながら入れて、さっくり混ぜる**。

3 型にクッキングシートを敷き、生地の1/3量を入れる。りんごをスライスして、半量を並べる。残りの生地を上に流して、残りのりんごを並べる。

4 200度に予熱したオーブンで40～45分焼く。竹串を刺して生地がくっつかなければオーブンから取り出し、型に入れたまま冷ます。

バターと砂糖を白っぽくなるまで混ぜて空気を含ませてから、卵を少しずつ加えて混ぜる。

Crêpes

クレープ

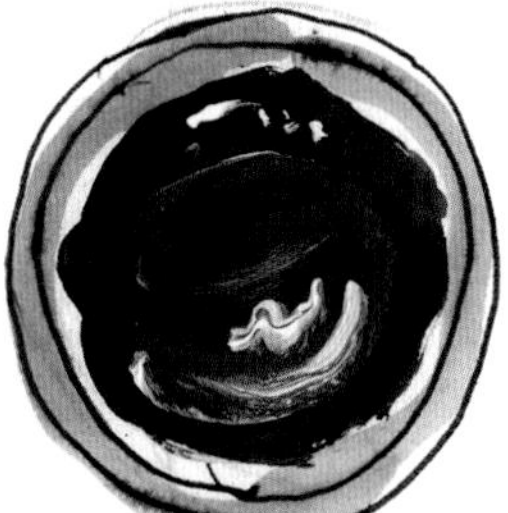

基本のクレープ生地
多めに焼いて好きな具を並べておけば
人が自然に集まってくる

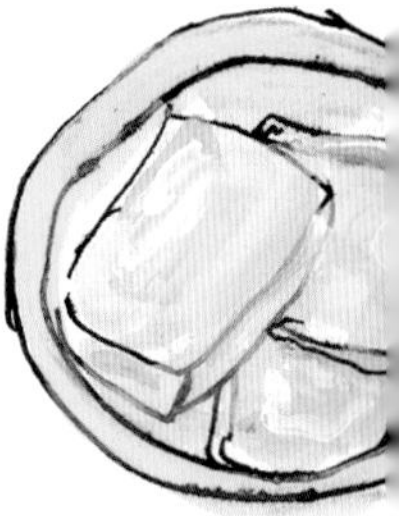

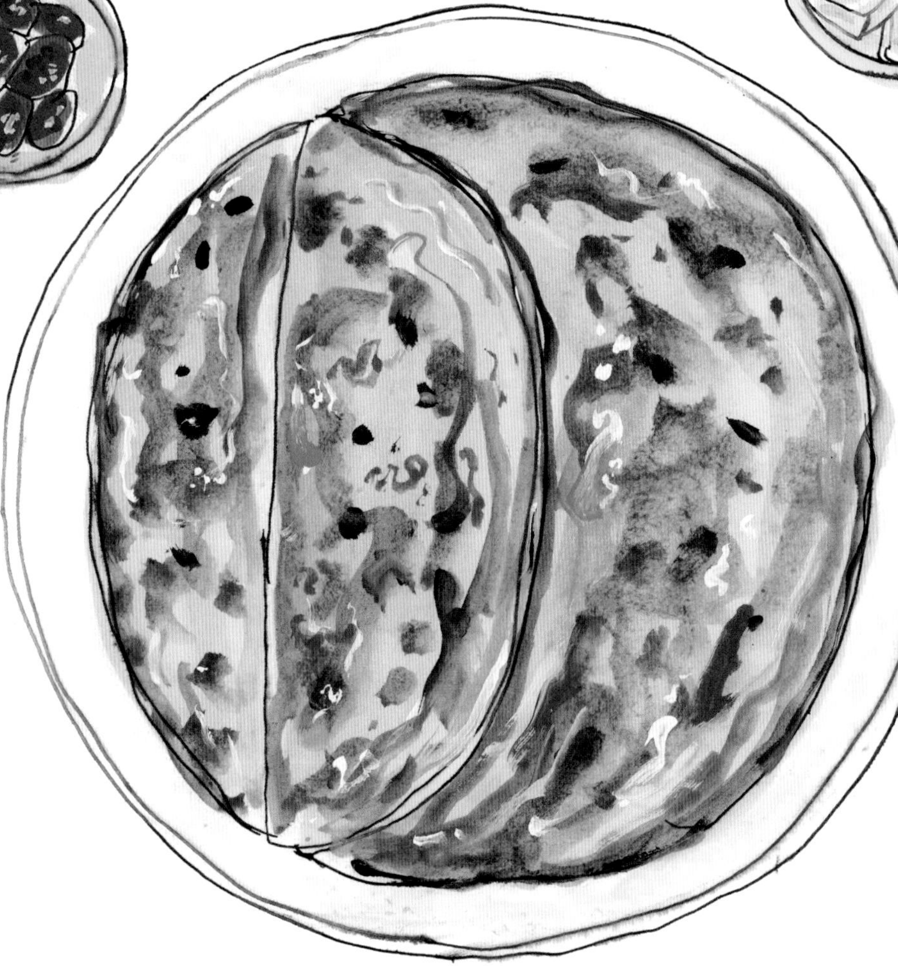

SHIMA's note

クレープはフランスの代表的なデザート。あるとき友人のアパルトマンに行ったら、焼き立てのクレープがテーブルの真ん中に100枚ほど高く積み上げられて、まわりには泡立てた生クリームやジャムやフルーツ、ハムやチーズなどが色とりどりに並んでいた。みんな歓声をあげてテーブルに集まり、好きに巻いてつまんで、おしゃべりが始まった。

材料（4人分）

小麦粉…60g
塩…一つまみ
卵…1個
牛乳…100ml
バター…10g
サラダ油…適量

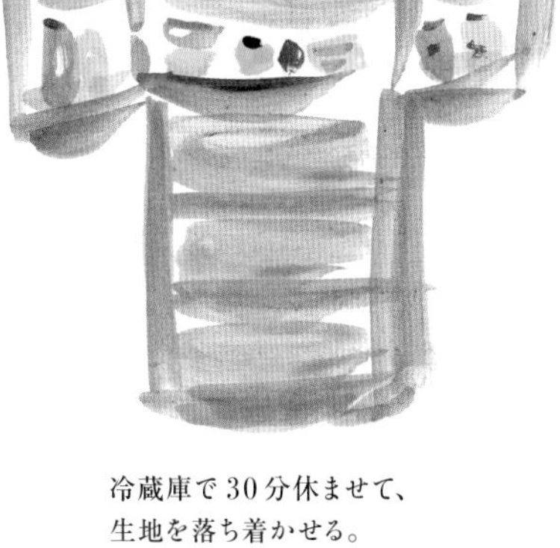

冷蔵庫で30分休ませて、
生地を落ち着かせる。

作り方

1 バターは、湯せんにかけるか電子レンジにかけて、完全に溶かす。

2 生地を作る。ボウルに小麦粉、塩を入れて泡立て器でよく混ぜ、卵を割り入れて**しっかり練って**混ぜ合わせる。**牛乳を少しずつ加えて練りながら混ぜ**、1のバターを加えてさらに混ぜ、ラップをして冷蔵庫で**30分休ませる**。

3 休ませたあと生地がぽってりしすぎていたら、牛乳を適量（分量外）加えて調整する。生地がサラッとしている方が薄く焼きやすい。フライパンに流したらパーッと広がる程度が目安。

4 直径22～24cmのフライパンにサラダ油をキッチンペーパーで薄くのばし、3の1/4量（レードル約1杯分）を流し入れて、フライパンを傾けながら薄く広げて中火にかける。生地の縁が乾いてきたら裏返し、両面にうっすらと焼き色がついたら取り出す。同様にして4枚作り、重ねて粗熱を取る。重ねておくと、乾かずしっとりするので巻きやすい。

Compote

コンポート

好きなフルーツをワインと砂糖で煮るだけ
ちょっと気取ったデザートになる

SHIMA's note

コンポートは、フランスの家庭でよく登場する。ワインを使わずに砂糖水で崩しながら煮ると、子どもの大好物になる。アイスやジャムを添えてもおいしいし、アツアツのチョコレートソースをかけると、ベルエレーヌというクラシックなデザートになる。

材料（4人分）

洋なし、もも、りんごなど好きなフルーツ…2個
白ワイン…50ml
水…400ml
砂糖…大さじ3〜5（好みで）

作り方

1 フルーツは、皮をむいて種を取る。
2 鍋に白ワイン、水、砂糖を入れて沸かす。砂糖が溶けたらフルーツを入れて、**クッキングシートをかぶせて落としぶたにして**弱火で20分煮る。
3 粗熱が取れたら冷蔵庫で冷やす。

mémo

レモンやバニラの風味を加えてもおいしい。レモンの輪切りは煮るときに、バニラエッセンスは仕上げに入れる。

クッキングシートで落としぶたをすると、火の通りが均一になって味がまんべんなく入る。

おわりに

この本を読んで実際に作ってくださった方、いかがでしたか？

写真がないと難しいな、と思われた方もいらっしゃると思います。

料理を仕事にしている私でさえ、料理は難しいものです。でもその前に、楽しいものであってほしいと思います。

家庭で作るご飯は、レストランの洗練された料理とは違います。私も疲れたときや考え事をしながら作る料理は味がなかなか決まらなかったり、焼きすぎたり、自分ではおいしくないなあと思いながら食べるときもあります。

でも、そんなとき家族が嫌な顔をすることはありません。「こっちの唐揚げ、色が濃いね、揚げすぎじゃない？」など、小さな子どもたちは思ったことを口にしますが、「じゃあ食べ比べてみる？」「パパは濃い方が好きだからわざと焦がしたんだよ」などと、冗談を言いながら楽しく食べています。

そんな、なにげない会話の中から家族や恋人や友人の好みを知ることができたり、料理の感想を聞くことで次の料理のヒントになったりするのであれば、それでいいと思います。

これは家庭でしかできないこと。レストランだと焦がしたら失敗ですが、家庭では失敗も味の一つ。失敗して、おいしくない日があっても、楽しく食べることができるのが家庭の料理です。

フランス料理を長く勉強してきて一番惹かれるのは、フランス人が、作ることではなく食べることに重点を置いていることです。この本を通じて、読んでくださった皆さんにそれをどこまで伝えることができたのかわかりませんが、レシピ本に大切なことは作り方や味だけではないと思っています。

そんな私の気持ちに賛同して、何度も何度もミーティングを重ね一緒に考えてくださった編集の真鍋さん、私の話を聞き流すことなく納得するまで掘り下げて質問してくださったライターの艸場さん、フランスの家庭の温かさを素晴らしいイラストで表現してくださったイラストレーターのヒラノさん、フランスの手触りのある本に仕上げてくださったデザイナーの岩渕さん、この本に関わってくださったすべての皆さん、そして何より手に取ってくださった読者の皆さんに感謝しています。

タサン志麻

INDICE
索引

野菜

魚・肉

炭水化物・乳製品・卵

果物・そのほか

タサン志麻

大阪あべの・辻調理師専門学校、同グループ・フランス校卒業後、
ミシュランの三つ星レストランでの研修を修了。
日本に帰国し、老舗フレンチレストランなどで15年勤務したのち、結婚。
家政婦に転身すると、各家庭の家族構成や好みに応じた料理が評判を呼び、
「予約が取れない家政婦」としてメディアから注目される。
2015年に独立し、現在は家政婦の仕事に加え、
料理イベント・セミナーの講師、レシピ開発、テレビ出演など多方面で活躍中。
フランス人の夫と3人の子ども、猫2匹と暮らしている。

企画・取材　艸場よしみ
イラスト　ヒラノトシユキ
デザイン　岩渕恵子（iwabuchidesign）
DTP　美創

志麻さんのレシピノート
何度でも作りたい、食べたいフランスの家庭料理

2024年3月25日　第1刷発行

著者　タサン志麻
発行人　見城 徹
編集人　福島広司
編集者　真鍋 文

発行所　株式会社 幻冬舎
〒151-0051 東京都渋谷区千駄ヶ谷4-9-7
電話　03-5411-6211（編集）
03-5411-6222（営業）
公式HP　https://www.gentosha.co.jp/

印刷・製本所　株式会社 光邦

Printed in Japan
ISBN978-4-344-04247-6 C0077

この本に関するご意見・ご感想は、下記アンケートフォームからお寄せください。
https://www.gentosha.co.jp/e/